크로스 e스포츠

박신영 · 김용우 · 안수민 · 웜보콤보 · 박세정 공저

크로스 e스포츠 소개

《크로스 e스포츠》는 e스포츠가 진행되는 데 있어 다양한 분야에서 많은 사람이 활동하고 있는 것에서 e스포츠 현장에서 팀과 선수 매니지먼트와 마케팅 활동하고 있는 'e스포츠 전문가', e스포츠 선수, 업계에 대한 정보를 날카로운 시각으로 리포팅하는 'e스포츠 기자', e스포츠를 구성하는 데 핵심 요소인 게임 IP를 관리, e스포츠 운영을 하는 게임사의 'e스포츠 실무자', e스포츠의 산업적 가치를 평가하고 조망하는 '경영 전문가'가 각자 자신의 전문 분야에서 e스포츠에 대한 느낌과 경험한 내용들을 바탕으로 자신들의 언어로 생생하게 전달하고 있다.

《크로스 e스포츠》는 e스포츠의 입문자, e스포츠를 좋아하는 자녀를 둔 학부모 그리고 국내외 e스포츠 분야의 취업 희망자들에게 'e스포츠의 객관적인 사실과 전문적인 견해'가 크로스 된 유니크한 e스포츠 입문서로 활용될 수 있을 것이다.

추천사

e스포츠는 디지털 시대에 엔터테인먼트 스포츠와 절묘한 결합이다. 머지않아 클라우드 기반의 AI와 XR(확장현실)이 접목된 장르도 출현할 것이며, 이처럼 새로운 장르와 플랫폼 개발을 통해 게임 플레이어들에게 새로움과 즐거움을 선사한다면 e스포츠 산업의 저변 확대에 크게 이바지할 것이다. e스포츠에 대해 궁금증을 갖고 있는 사람들에게 일독을 권한다.

안 종 배(대한민국 인공지능포럼, 국제미래학회 회장)

e스포츠 산업은 4차 산업혁명의 키워드로 지목된다. 이미 세계적으로 큰 의미를 갖는 하나의 국제적인 산업이 되었는데, 현재 국내의 e스포츠 산업은 전문 인력이 많이 부족한 실정이다. 직업교육과 표준화, 산학 협력 등 체계적 인재 양성 시스템을 통해 전문성 있는 인재를 키워내고 일자리 창출에 이바지해야 할 것이다. 이 책에서 e스포츠의 영향력과 해답을 찾을 수 있다.

이 재 홍(전 게임물관리위원장, 현 숭실대학교 교수)

게임과 스포츠는 세대, 계층을 넘어 사람들을 한데 모으고 열광케 하는 매력이 있다. e스포츠는 디지털 기술과 문화의 성장 및 확장과 함께 거대한 산업으로 성장했다. 앞으로도 새로운 기술과 서비스, 콘텐츠와 시너지를 내면서 세를 넓혀갈 것이다. e스포츠의 역사에서부터 미래까지 전망한 이 책은 e스포츠에 관심이 많은 분들에게 큰 도움이 될 것이다.

전 용 준(e스포츠 캐스터)

e스포츠는 아직 20년이 채 되지 않은 신흥 분야이지만, 스타 프로게이머의 등장과 더불어 팬덤이 형성되며 크게 성장해 왔다. 글로벌 무대에서 우리나라 e스포츠의 가능성은 이미 높게 평가받고 있다. 안정적인 투자가 이루어지고 기존의 스포츠 리그처럼 자체적으로 생존할 수 있는 구조를 만든다면 향후 최고의 블루칩 산업이 될 것이다. 이 책에 e스포츠의 모든 것을 알차게 담았다.

조 태 봉((사)한국문화콘텐츠라이센싱협회 회장)

스포츠 산업계의 신흥 강자로 떠오르는 e스포츠는 K팝처럼 한국을 대표하는 글로벌 브랜드가 되었다. 세계 시장에서의 진검승부를 위해서는 개발자 중심의 비즈니스 모델의 변화가 필요하고, 다른 스포츠처럼 '팬'들에게 집중할 필요가 있다. 이 책은 e스포츠 업계에 꼭 필요한 내용으로만 알차게 구성했다.

김 성 일(한국 ICT 인재개발원 대표)

_____
프롤로그

블록체인, 메타버스, NFT 춘추전국시대의 e스포츠

'BZ 세대(Blockchain and Generation Z)'

1990년대 중반부터 2000년대 초반에 태어난, 블록체인 테크놀러지가 일상에 스며들어 있는 '블록체인 원주민(Blockchain-Native)' 세대를 말한다. (2021, Sejeong Park)

BZ 세대가 주도하는 블록체인 기술을 기반으로 한 메타버스, NFT (Non-Fungible Token, 대체 불가능 토큰)는 현재 우리나라에서 그야말로 격동의 춘추전국시대를 맞고 있다.

대한민국 경찰청은 빅데이터 통합 플랫폼 구축 사업에 글로벌 블록체인 1위 컨센시스(Consensys)에서 분사(spin-off)한 기술 전문기업 '퓨처센스'에 DID(Decentralized Identifier, 탈중앙화 신원증명) 분산 식별 인증과 블록체인 기술 전담을 의뢰했다.

한국 금융 'BIG 6'인 KB, 신한, 하나, 우리, NH, IBK가 ESG(Environment, Social, Governance) 상품을 내놓으며 '기후금융(Climate Transition Finance)'에 뛰어들었고, 이와 접목해 '탈(脫)탄소'를 기치로 내세우는 스마트팜(smart farm)은 젊은 층이 주목하는 메타버스(Metaverse: 3차원 가상공간) 기반의 '메타팜 Meta-farm(2021, Sera Lim)'으로의 진화를 거듭하면서 청년 농림 수산 축산인들이 업(業)과 주거를 동시에 해결할 수 있는 '작주형(作住形_2021, Sejeong Park)' 복합 개발론이 농림 수산 축산 정책 연구자들 사이에서 트렌드가 된 지 오래다.

세계 유일의 블록체인 특구 부산의 'NFT BUSAN 2021'을 필두로, 2022년부터 'BNX(Busan NFT Exchange, 부산NFT거래소)'가 후원하는 BBIF(Busan Blockchain International Forum, 부산 블록체인 국제포럼)는 글로벌 블록체인 생태계의 '다보스 포럼(Davos Forum)'을 지향하며 '부산국제영화제'처럼 국제적인 블록체인 행사를 목표로 하고 있다. 이로써 부산의 '국제시장', '40계단' 같은 피난의 기억, '롯데 자이언츠'의 명승부 장면 같은 '추억자산 Memorial Asset(2020, Sejeong Park)'을 중심으로 모험을 두려워하지 않는 다이내믹한 블록체인 플레이어들이 난무하는 NFT 거래 마켓이 만들어지게 되었다.

　　국방 과학기술 분야도 예외가 아니다. 한국국방기술학회는 국방벤처스타트업포럼을 추진한다. 이 포럼에서는 민간의 벤처-스타트업 기술을 국방 영역에 융·결합해, 시행착오를 거쳐 고도의 수준에 오른 민간발(發) 국방 기술을 다시 민간 사업화에 접목할 수 있는 블루오션을 만들어 낸다. 이미 '국방메타버스', '국방AI', '국방로봇' 등 국방 관련 기술이 민간과 면밀히 교류하고 있고, 일례로 민간의 특허기술로 개발된 메타팜 기반의 1인 가구 시대를 겨냥한 반려 식물 재배기 '그루팜(groo-farm)'을 들 수 있다. 토양과 수경재배 두 방식 사용이 모두 가능한 이 1인 가구 전용 식물 재배기의 미니 사이즈는 군 보급용 반합 크기로, AR(Augmented Reality, 증강현실) 기술을 적용한 반려 식물과의 대화와 컨설팅 기능 및 SNS, 메타버스 작물재배 수업, 쇼핑은 물론 구독 물류와 사용자 간 거래까지 가능한 단계에 이르렀다. 이 기술은 국방 분야로 옮겨져 적군에 포위된 고립 상황에서 자체적으로 비상식량을 만들어 내는 '셀프 작물 키트'로 업그레이드되어 전쟁 발발 시 우리 국군의 생존율과 직결되어 지속 가능한 전투력을 확보할 수 있게 한다. 아이러니하지만 전쟁이 인류의 과학과 의료기술의 차원을 바꿔 놓는 방증이다.

그야말로 대한민국이 '블록체인 노마드(Nomad, 유목민)' 그 자체이다. 필자 또한 뜻이 맞는 블록체인 관련 산업의 주역들과 학자들, 그리고 스타트업 생태계를 질주하는 청년들과 함께 연구기관과 학회를 통해 이러한 춘추전국시대에 동참하고 있다.

e스포츠의 도시, 블록체인 특구인 부산에서 e스포츠 산업과 연계되어 확장되는 이런 도전적인 사업 분야들을 지켜보는 것도 무척 흥미로운 일이다.

코로나 팬데믹으로 세계가 비대면 시대로 접어들면서, 그리고 MZ 세대가 중요한 경제 주체가 되면서 e스포츠는 최근 몇 년 사이에 과거보다 더 많은 관심과 기대를 한 몸에 받아 왔다. 지난 역사를 돌아보면 e스포츠는 충분히 그런 대우를 받을 만하다. 이미 폭발적인 성장세를 거듭해 온 데다 앞으로의 성장 가능성은 더욱더 클 것이기 때문이다.

2022년 항저우 아시안게임에 e스포츠가 정식 종목으로 채택되고, 주요국의 기업과 정부가 e스포츠 산업을 육성하고자 게임을 개발하고 구단을 설치하고, 선수를 육성하고 경기장을 신설하는 등 선두주자가 되기 위해 총력을 기울이고 있다.

2021년 역시 e스포츠는 미래 산업, 전략 산업, 차세대 스포츠 산업 등의 화려한 수식어를 달며 각종 산업적, 기술적 이슈 등과 함께 날이 갈수록 뜨거워지는 감자로서 세간에 자주 회자하였다. 특히 산업의 지형이 좁고 신기술이라든지 문화 콘텐츠로 승부를 걸어야 하는 우리 입장에서 e스포츠 산업은 그야말로 국운과 사활을 걸어야 할 분야이다.

e스포츠 산업과 관련해 필자가 주목하고 있는 것이기도 하고 최근 산업계의 핫이슈로 떠오른 것이 있다. 그것은 바로 이 글을 쓰고 있는 11월 현재 코인이나 주식 시장에서 가장 화제가 되고 있는 NFT이다.

블록체인 기술을 활용한 NFT(Non-Fungible Token, 대체 불가 토큰)는 탈중앙화(Decentralized) 원리를 이용하여 각 디지털 자산의 소유주를 증명해 주는 토큰이다. 무단 복제를 막을 수 있으며 각각이 고유성과 희소성을 지닌다. 바로 이러한 특성 때문에 상품화의 폭이 넓어지고 소비 욕구가 자극된다.

NFT는 게임 업계와 엔터테인먼트 업계 등에서 단연 핵심 화두이다. 최근에 방탄소년단(BTS)의 소속사 하이브 엔터테인먼트와 암호화폐 거래소 업비트 운영사인 두나무의 협업이 확정되었는데, 이제 BTS의 포토카드 같은 굿즈가 NFT로 발행된다. 국내 엔터테인먼트 업계에서는 NFT가 K팝 시장의 신성장 동력이 될 것으로 기대하고 있다. 스트리밍이 보편화되면서 개별 콘텐츠로 가치가 떨어진 음악을 다시 희소성을 가진 자산으로 만들 수 있게 되었기 때문이다. 이러한 원리를 바탕으로 음원, 사진, 뮤직비디오 등 불변성과 고유성을 지닌 각각의 디지털 콘텐츠의 가치에 값을 매겨 거래할 수 있게 된 것이다. 나만의 것, 즉 개인 소유의 개념이라 고가의 마케팅도 충분히 가능하다.

NFT의 산업화가 가장 활발한 곳은 게임 업계다. 특히 우리나라는 세계적으로 유명한 프로게이머들을 많이 보유하고 있는데, 이들의 인기와 영향력은 전 세계적으로 상당하고 또 그것이 e스포츠 업계에 미치는 파급 효과도 대단하다. 그 존재 자체가 국가적으로도 엄청난 자산이 된다. 한 예로 e스포츠의 전설로 평가받는 '워크래프트3'의 프로게이머 장재호의 NFT는 국내 e스포츠 선수 최초로 발매되어 29초 만에 소진된 바 있다.

게임 아이템 거래 등을 중심으로 NFT의 영향력은 계속 확대되고 있다. NFT 시장이 빠른 속도로 활성화되는 이유는 이것이 지식재산권(IP)과 연결되어 있기 때문이다. 즉 무형자산에 가치를 매길 수 있어서다. 게임 업계와 엔터테인먼트 업계 등에서 여러 형태의 자산을 NFT로 만드는 추세는 급격하게 가속화되고 확산될 것이다. 이미 국내 게임 업계는 최근 글로벌 트렌드로 자리매

김한 'P2E' 게임(Play to Earn, 돈 버는 게임) 시장, 즉 블록체인 기술을 이용해 아이템을 NFT(디지털 자산)로 만드는 사업에 본격적으로 나서고 있다.

국내 주요 게임사들은 블록체인 기술인 NFT 외에도 2021년 여름 증시를 뜨겁게 달군 메타버스를 통한 수익 창출을 또 하나의 핵심 사업으로 삼고 있다. 메타버스는 초월을 의미하는 메타(Meta)와 세계 또는 우주를 의미하는 유니버스(Universe)의 합성어로, 가상과 현실이 융·복합되어 사회·경제·문화 활동과 가치 창출이 가능한 디지털 세계를 지칭한다. NFT와 메타버스는 게임 콘텐츠와 강력한 시너지를 낼 수 있다. 이에 따라 e스포츠 시장 규모도 크게 확대될 것이다.

세계 NFT 시장은 2021년 3분기에만 약 12조 6,300억 원의 거래가 발생했는데, 이는 전 분기 대비 무려 7배 성장한 것이다. 앞으로 NFT 시장은 이보다 훨씬 빠른 속도로 폭발적인 성장세를 이어 나갈 것으로 보인다. 세계 메타버스 시장도 급속도로 성장하고 있다. 시장 규모가 2021년 약 34조 원으로 2024년까지 약 330조 원까지 성장할 것으로 전망된다.

4차 산업혁명 시대에 블록체인을 비롯한 신기술 및 신사업은 e스포츠 산업에도 주요한 성장 요인이 될 것이다. 이제는 게임 콘텐츠 개발과 마케팅, 리그 개최 및 홍보, 선수 홍보 단계에서 이러한 신성장 동력들을 사업화에 활발히 접목하게 될 것이다.

스타크래프트 리그로 전 세계의 이목을 끌고 프로게이머들이 창조적인 플레이로 대활약을 펼치면서 대한민국은 e스포츠의 종주국이 되었는데, e스포츠 산업이 현재의 위상을 차지하기까지는 지난한 과정이 있기도 했다. 그리고 여전히 e스포츠 산업은 새로운 도전 과제를 맞이하고 있다. 돌아보면 e스포츠 산업이 중대 기로에 섰던 2000년대에 '게임산업 진흥에 관한 법률(게임산업진흥법)'이 2006년 제정(대표 발의 박형준)되면서 게임 문화에 대한 관심이 촉발되었고, 프로리그의 규모가 커졌으며, 프로리그와 프로게이머에 대한 체계적인 관리가 이루어지게 되었다.

그리고 현재, e스포츠의 성지로 불리는 부산 같은 경우가 e스포츠 산업의 훌륭한 벤치마킹 사례가 될 것이다. 특히 박형준 시장이 부산시장이 된 이후 다양한 e스포츠 활성화 프로그램을 적극 추진하고 있다. 시장 후보 시절부터 부산 e스포츠 경기장인 브레나를 직접 방문하며 e스포츠 산업의 중요성을 강조해 온 박 시장은 지역 연고 e스포츠 프로구단을 부산에서 최초로 유치하는 협약식을 체결한 바 있다.

부산시는 향후 브레나 중심의 각종 e스포츠 대회 개최, 맞춤형 e스포츠 전문 인력 양성 프로그램 운영, 'GC 부산' 선수단 지원 등으로 시민 참여형 행사를 진행하면서 e스포츠 산업의 저변을 확대하고 부산만의 차별화된 e스포츠 프로그램을 기획, 운영할 예정이다. 부산이 국내 최대 게임 쇼인 지스타(G-star)의 8년 연속 유치를 이뤄낸 것도 이러한 배경이 있었기에 가능했던 일이다.

e스포츠 산업이 미래 핵심 산업이라는 인식은 이미 널리 퍼진 것 같다. 이제 우리가 할 작업은 부산의 경우처럼 e스포츠 산업을 적극 육성하여 K-e스포츠가 K-culture의 선봉장 대열에 당당히 서서 해양 세력과 대륙 세력을 향해 문화 영토를 점령해 나가도록 산학연관정(産學硏官政)이 협력하여 대한민국의 역량을 총동원하는 일일 것이다.

블록체인 특구 부산에서 영도대교를 바라보며
- 박세정(경영학자·벤처캐피털리스트)

목차

크로스 e스포츠 소개 ··· 2

추천사 ··· 3

프롤로그 ··· 5

Cross 1. e스포츠 제너럴(General)　　15

1) e스포츠 히스토리 ·· 17

　(1) e스포츠의 시작 ··· 17

　(2) e스포츠의 명암(明暗) ·· 19

2) e스포츠 매니지먼트 ··· 25

　(1) 지역 e스포츠의 시작 ·· 28

　(2) 오버워치 선수 선발 ··· 29

　(3) 오버워치 팀 운영 ··· 31

　(4) APEX 최초 '로얄로더' ·· 36

　(5) 오버워치 리그로의 이적 ······································· 38

3) e스포츠 인프라 ··· 42

　(1) 자생력 ·· 46

　(2) 콘텐츠 ·· 48

　(3) 교육 ·· 52

1) e스포츠를 만들어 가는 사람들(# 김용우 팀장, 데일리e스포츠) ······· 59

 (1) 리코 에이전시 - 이예랑 대표 ······························· 59

 (2) 뉴욕 엑셀시어즈 - 김요한 GM ···························· 68

 (3) 방송인 - 성승헌 캐스터 ·································· 77

2) e스포츠와 함께한 프로 선수들(# 안수민 기자, 데일리e스포츠) ······· 85

 (1) LOL(고동빈 인터뷰) ···································· 85

 (2) STARCRAFT(전태규 인터뷰) ·························· 92

 (3) PUBG(조한경 해설 인터뷰) ························ 100

1) 게임사는 왜 e스포츠를 할까? ………………………………… 111

2) e스포츠 대회 종류 ……………………………………………… 119

  (1) 게임사의 공식 대회 …………………………………………… 119

  (2) 3rd party 대회 ………………………………………………… 122

  (3) 커뮤니티 대회 ………………………………………………… 123

3) e스포츠 산업 직군 ……………………………………………… 126

  (1) Lead/Team manager ………………………………………… 127

  (2) Product manager/Program manager/Project manager … 127

  (3) Branding/Marketing ………………………………………… 129

  (4) PR/Communication …………………………………………… 130

  (5) Community/Influencer ……………………………………… 130

  (6) Broadcast production ………………………………………… 131

  (7) Legal …………………………………………………………… 132

4) e스포츠 실무 살펴보기 ………………………………………… 133

  (1) 대회 기획 및 준비 …………………………………………… 134

  (2) 파트너 선정 …………………………………………………… 136

1) 콘텐츠 산업과 e스포츠
: 스트리밍 서비스의 발전에 따른 e스포츠 콘텐츠의 성장 ·············· 163
(1) e스포츠 산업 규모의 폭발적인 성장세 ······························· 163
(2) 플레이하는 게임에서 관람하는 게임으로 ·························· 167
(3) 스트리밍 서비스의 현황과 전망 ································· 172
(4) 모바일 e스포츠의 발전 ·· 176

2) 스포츠 산업과 e스포츠
: LCK 프랜차이즈, 오버워치 리그 등을 통한 정통 스포츠로의 성장 ··· 178
(1) 해외 리그오브레전드 프랜차이즈 제도의 국내 적용 ·············· 178
(2) e스포츠와 전통 스포츠 ·· 181
(3) 중국의 e스포츠 시장 ·· 186
(4) e스포츠의 역사 개요와 포괄적 전망 ························· 193

3) 신한류 e스포츠와 글로벌 파이낸싱
: 국내에서 태동한 e스포츠가 글로벌 K-e스포츠로 ······················· 196
(1) 국내 e스포츠 산업의 태동과 성장 ································ 196
(2) 신한류가 된 K-e스포츠 ·· 199
(3) e스포츠 투자와 성과, 그리고 과제 ····························· 204

4) e스포츠 산업의 미래
: 4차 산업혁명과 일자리 창출 ······································· 208
(1) 4차 산업혁명 시대의 e스포츠 ·································· 208
(2) e스포츠의 일자리 창출 ·· 211

Cross **1**

e스포츠 제너럴 (General)

e스포츠 매니지먼트 현장 경험으로 기록해본 e스포츠

– 박신영(마크오 대표)

1

e스포츠 히스토리

(1) e스포츠의 시작

필자가 현재 e스포츠라 불리는 콘텐츠를 처음으로 접하게 된 것은 '2000 하나로통신배 투니버스 스타리그'를 통해서였다. 그 당시의 e스포츠는 e스포츠라는 정의도 없이 학교 인근의 PC방을 중심으로 최강자를 선발하는 토너먼트 형태의 대회로 많이 진행이 되었고, 현장에 보는 콘텐츠로만 소비가 되었다. 이러한 콘텐츠는 1999년 '99프로게이머 코리아 오픈(이하 PKO)'이 케이블 채널 투니버스에서 방영되며, TV를 통해 볼 수 있는 콘텐츠로의 시작을 알리게 되었다.

필자가 처음 접한 '2000 하나로통신배 투니버스 스타리그'는 PKO 이후 '스타리그'라는 이름으로 시작된 최초의 대회이자 앞으로의 e스포츠 태동을 알리는 중요한 대회가 되었다. '스타리그'라는 브랜드가 생긴 것처럼, e스포츠 시발점에는 블리자드엔터테인먼트사의 '스타크래프트(Starcraft)' IP가 중심에 있었다.

'스타크래프트'는 오리지널(1998년 3월)과 확장 팩인 블루드 - 워(1998년 11월)가 출시되며, 전 세계적으로 흥행을 하였으며, 그중에도 우리나라에서는 PC방 인프라 속에서 최고의 흥행 게임이 되어, PC게임의 대전 모드가 e스포츠로 발전할 수 있는 바탕을 마련하게 되었다.

e스포츠가 태동하는 시기에는 미국의 PGL을 차용한 한국 최초의 프로게임 리그인 KPGL이 시작되었고, 1999년에는 한국e스포츠협회가 창설이 되며, 외형적인 형태를 조금씩 갖추어 나가게 되었다.

한국에서 e스포츠가 조금씩 외형적인 형태를 갖추어 나갈 때 내부적으로는 대회를 통해 선보인 선수들이 이목을 끌게 되었다. 테란의 황제 '임요환', 폭풍저그 '홍진호', 귀족테란 '김정민', 영웅토스 '박정석' 등 '스타크래프트' 플레이어를 중심으로 스타가 탄생을 하며, e스포츠가 단순한 놀이가 아닌 라이벌을 만들고, 아이콘이 되어 가는 스토리텔링이 가능한 콘텐츠로의 조명을 받아 새로운 시대의 보고 즐길 수 있는 콘텐츠로 자리 잡을 수 있는 기회를 만들어 가는 계기가 되었다.

(2) e스포츠의 명암(明暗)

 e스포츠가 새로운 기회를 만들어 나아가자 이런 기회를 놓치지 않기 위해 다양한 분야에서 새로운 시도가 많이 진행되었다.

① 게임 전문 방송국(채널) 개국
 케이블 방송사에서 언제나 새로운 콘텐츠에 대한 갈증을 느끼고 있었다. 새로운 콘텐츠의 인기는 광고 매출로 직결이 되기에 각 방송사에서는 갈증을 해소할 수 있는 새로운 대안으로 e스포츠라는 콘텐츠를 발견하게 되었고, 그 콘텐츠를 제작하고 송출하기 위한 게임 전문 방송국(채널)을 개국하게 되었다.
 각 채널은 신규 론칭 및 채널명 변경을 통해 전문 채널로써 자리를 잡게 되었다. 온게임넷(OGN/2000년 2월~현재), MBC GAME(2001년 5월~2012년 1월), SPOTV GAMES(2013년 12월~2020년 3월), 아프리카 TV(2018년 4월~현재) 등이 개국하며, 시청자에게 e스포츠 매력을 전달하기 위해 다양한 시도를 하였다.

② 다양한 e스포츠 대회 론칭
 2001년 삼성전자가 전폭적인 지원을 한 WCG(World Cyber Games)가 정식으로 출범하며, 게임 그 이상의 가치(Beyond The Game)를 모토로 'e스포츠의 올림픽 대회'로 발전할 수 있다는 비전을 가지고 "e스포츠를 통해 국가 단위로 경쟁을 할 수 있다."라는 새로운 방향성을 제시하였다.

또한, '스타리그'를 필두로 한 개인전 형태로만 진행되던 e스포츠 대회는 대기업의 e스포츠 선수에 대한 개인 투자와 함께 팀 형태의 그룹에 투자하게 되며, 팀 단위의 '프로리그' 대회가 출범하게 되며, 외형적으로 축구, 야구 등 기성 스포츠와 동일한 형태를 갖추게 되며, '부산 광안리 10만 신화' 등 더욱 흥미로운 스토리를 만들게 되었다.

③ 장르의 다양화로 인한 종목의 다변화

RTS(Real-time strategy) 장르의 스타크래프트로만 대변되던 e스포츠 종목은 게임의 장르가 다양한 형태로 개발되며, 다양한 종목으로 발전하게 되었다. 2000년 FPS(First-person shooter) 장르의 효시인 카운터 스트라이크가 개발되며, 유럽을 중심으로 팀 단위의 e스포츠로 인기를 누리게 되었고, 신생 장르인 AOS(Aeon of strife)/MOBA(Multiplayers online battle arena) 장르는 e스포츠의 새로운 전환기를 마련하게 되었다. 도타(Dota) & 도타2(Dota2), 카오스(CHAOS)등의 게임이 AOS/MOBA 장르의 부흥을 이끌어 가며, 유저들의 이목을 집중시키던 중 2009년 말 라이엇게임즈에서 리그 오브 레전드(League of Legends)를 출시하며, AOS/MOBA 장르를 평정함과 동시에 e스포츠에 새로운 바람을 일으키는 IP로 자리 잡게 되었다.

이후 CCG(Collectible Card Game) 장르인 하스스톤(HEARTHSTONE)과 하이퍼FPS 장르인 오버워치(Overwatch) 그리고 배틀로얄 장르의 배틀그라운드(PUBG: BATTLEGROUNDS)가 게임 자체로의 성공과 함께 e스포츠 종목으로 다양한 시도를 견인하게 되었다.

이러한 다양한 시도는 게임(IP)의 마케팅을 위한 하나의 채널로 치부되던 e스포츠가 새로운 콘텐츠의 영역으로 새로운 비즈니스 영역으로 확장하게 되는 계기가 되었다.

이렇게 장밋빛 미래만을 생각하고 달려와서일까? e스포츠는 극심한 성장통에서 많은 어려움을 마주하게 되었다.

① e스포츠 승부 조작과 불법 베팅

2010년 e스포츠에서는 발생하지 말아야 하는 사건이 발생하게 되었다. 스타크래프트 종목의 일부 선수들이 불법 베팅을 위한 승부 조작에 가담하게 되어 검찰 조사를 받게 되었다.

해당 사건은 공정한 경쟁을 한다는 스포츠 정신에 근간을 한 e스포츠에 대한 신뢰의 뿌리를 뒤흔들었고 풀뿌리부터 성장 과정을 지켜본 팬들에 대한 배신의 행위로 비쳐지게 되며, e스포츠 전반의 암흑기를 초래하는 결과를 만들게 되었다.

② e스포츠의 공공재(Public Goods)

2010년 5월 한국e스포츠협회는 프로팀과 함께한 기자회견 자리에서 '스타크래프트'로 흥행을 시작한 e스포츠가 '공공재'인 만큼, e스포츠 종목인 '스타크래프트'와 후속작 '스타크래프트2'가 많은 관람객이 함께 즐기는 '공공재'라는 의견을 피력했다. 이러한 '공공재' 논란은 '스타크래프트2'가 론칭한 시점에서 게임(IP)의 개발사인 블리자드엔터테인먼트에서 자사가 만든 게임에 대한 '지적재산권'을 인정하고 2차 저작물에 대한 부분까지 인정하라는 블리자드엔터테인먼트의 입장에 대한 반박을 하며 발생하였고, 게임(IP)의 개발사에게 e스포츠에 대한 주도권이 넘어갈 수 있다는 부분에서 많은 이슈를 남기게 되었다.

'공공재' 이슈가 발생한 이후 개발사의 지적재산권과 2차 저작물에 대한 인정에 있어 협의를 통해 개발사로 많은 부분 이양이 되었고, 근래에는 개발사가 중심이 되어, 자사 게임(IP) 관리하에 진행되는 e스포츠 대회로 발전하게 되었다.

③ 국내 e스포츠 종목 고착화

초창기 국내 게임 방송 채널에서는 '스타크래프트' 종목만 방송이 되는 경우가 많았다. 그도 그럴 것이 '스타크래프트'만 한 종목이 없었다. 하지만 앞서 이야기되었던 다양한 게임사에서 출시한 게임들이 e스포츠에 대한 열망을 드러내며 e스포츠를 시도하였으나 '스타'의 아성에는 미치지 못하고 팬들의 관심사에서는 멀어지게 되었다. 이후 '리그 오브 레전드'가 센세이션을 일으키며 '스타크래프트'를 잇는 최고의 e스포츠 종목이 되었으나 해외에서 진행되고 있는 다양한 종목의 리그와는 다르게 국내 시장에서는 '스타크래프트', '리그 오브 레전드' 외에는 큰 흥행과 주목을 받은 종목이 부재한 것이 사실이다.

물론 '스타크래프트'와 '리그 오브 레전드'의 사이와 이후에 진행된 '카운터 스트라이크', '워크래프트3', '하스스톤', '도타2', '히어로즈 오브 더 스톰', '오버워치', '배틀그라운드' 등의 다양한 종목은 게임 개발사와 방송 제작사에서 많은 투자와 활성화를 위한 활동을 진행하였지만 팬들의 관심을 지속적으로 끌어 내지 못하며, 국내 e스포츠 종목의 고착화가 더욱 견고화되게 되었다.

▲ 도타2 The International

　　지금까지 20년이 넘는 'e스포츠 히스토리'에서 기록될 만한 굵직한 이야기를 해보았다. 다음 장에서는 2014년부터 필자가 직접 경험한 e스포츠 현장의 경험을 중심으로 필자가 생각하는 e스포츠 꽃인 팀과 선수들과 관련한 'e스포츠 매니지먼트'와 지역 e스포츠 상설경기장에 대한 생각을 담은 'e스포츠 인프라'로 e스포츠 히스토리에 더해 보고자 한다.

[현재 주요 e스포츠 대회]

No	운영(사)	종목	대회 명	시작 연도	주요 사항
1	RIOT GAMES	LOL	League of Legends World Championship	2011	LOL 최상위 대회
2	VALVE	DOTA2	The International	2011	DOTA2 최상위 대회
3	VALVE	CS:GO	CS:GO Major Championship	2013	CS:GO 최상위 대회
4	UBISOFT	RAINBOWSIX SIEGE	Six Invitational	2017	레인보우 식스 시즈 최대 규모 대회
5	PUBG	PUBG	PUBG Global Championship	2018	PUBG 최상위 대회
6	Blizzard Ent.	OVERWATCH	OVERWATCH LEAGUE	2018	대륙별 프랜차이즈 팀들이 참여하는 대회
7	Blizzard Ent.	StarCraft2	ESL Pro Tour SC2	2020	SC2의 연간 e스포츠 대회

* 출처: 각 운영(사) 홈페이지 자료 참고

2

e스포츠 매니지먼트

필자가 e스포츠 현장에 본격적으로 뛰어들게 된 것은 2014년 가을이였다. 한창 롤드컵(리그 오브 레전드 월드 챔피언십)이 진행되고 있는 시기에 그 당시 세계 최고의 팀은 SKT(T1)으로 페이커(이상혁) 선수를 보유한 팀이였으나 해당 시즌의 최고의 팀은 삼성 갤럭시(화이트/블루) 형제 팀이었다.

▲ 2014 리그 오브 레전드 월드 챔피언십 초대장

삼성 갤럭시는 유럽형 e스포츠팀으로의 성장을 꿈꾸던 팀 MVP 오존/블루가 삼성전자 e스포츠팀에 인수가 되며, 이름이 삼성 갤러시 화이트/블루 두 팀으로 활동하게 되었다. 해당 시즌에서는 삼성 화이트의 탈수기 운영과 블루의 파괴적인 공격 운영이 센세이션을 일으키며, 2014년 롤드컵의 주인공으로 삼성 화이트가 올라서게 되었다. 이 당시 필자는 팀 MVP에서 마케팅 활동을 지원하는 역할로 처음 e스포츠 현장에 참여하게 되었다.

앞서 이야기하였던 팀 MVP는 유럽형 자립 모델을 국내 e스포츠팀에 탑재하기 위해 다양한 스폰서 유치 활동과 함께 팀의 성적으로 받을 수 있는 상금, 이적을 통한 이적료 등으로 운영이 되었다.

여기서 필자는 팀과 선수에 대한 새로운 경험을 하게 되었다. 그 당시 e스포츠 선수가 해외로 이적하며 왕성한 활동을 보여 주던 시기는 아니었다. 그러나 2014년 롤드컵이 종료된 시점에는 지금도 많이 회자되고 있는 삼성 갤럭시 소속의 선수들의 해외(중국) 팀 이적, 이른바 '삼성 갤럭시 발 엑소더스'가 발생하게 되었다.

선수의 이적은 축구나 야구 다른 스포츠의 프로는 당연시하게 여겨지게 되는 활동이다. 그러나 e스포츠에서는 '한국 리그가 가장 경쟁력이 높은 리그이고, 경쟁력이 높은 한국 리그에서 활동하는 선수가 최고의 선수다'라는 이미지가 강했다. 그렇기에 선수 간의 이적 또한 국내로 국한되어 진행된 경우가 많았다. 하지만 해외 특히 중국에서는 "최고 선수를 우리 팀으로 이적시켜 경쟁력을 끌어올리고 그 이후에는 세계 최고의 팀으로 거듭나자."라는 명확한 플랜을 바탕으로 전사적인 활동을 준비하고 있었다.

그 준비의 실행은 빠르게 진행되었다. 2014년 롤드컵이 종료된 후 중국팀 구단주 및 대리인이 직접 한국으로 넘어와 선수 이적을 위해 국내 팀 운영 구단주(오너)와 선수에게 중국팀에 대한 소개 및 선수에 대한 활동 조건(연봉 및 부대 사항) 등을 브리핑하며, 선수에게 극진한 대우를 약속하는 모습을 보였다. 당시에는 선수를 대리하는 에이전트가 e스포츠에서는 활발하게 활동을 하는 시기가 아니었기에 선수와 함께 활동을 한 팀의 구단주(오너)의 역할이 중요하였다.

이런 상황에서 해외 팀이 아닌 한국팀과의 협상에서 필자는 미묘한 온도의 차이를 느낄 수 있었다. 물론 중국의 거대 자본이 움직이며, e스포츠의 게임 체인저로서 역할을 하기 위해 적극적인 구애 활동을 하는 것이 당연하게 생각될 수도 있지만, 국내 팀에서 보여준 '당연히 우리와 함께한다'라는 태도와 선수와의 계약 조건 협상에서 소극적인 태도를 보고, 듣고 있는 입장에서는 e스포츠 시장에서 팀과 선수를 자신의 팀 소속으로 활동시키는 것에 대한 주도권이 한국 중심에서 중국과 미국을 중심으로 한 해외로 많이 이동할 수밖에 없다는 생각을 하게 되었다.

또한, 선수에 대한 처우 개선과 고액 연봉 등은 선수만이 아닌 선수 가족들 또한 대단히 만족하는 상황이 되어, 국내 유명 선수들의 해외 팀으로의 이적은 국내 팀의 경쟁력 하락을 막을 수 없는 결과를 만들게 되며, 앞으로의 국내 e스포츠팀과 선수에 대한 전반적인 방향 재설정이 필요하다는 것을 느끼게 되었다.

삼성 갤럭시발 엑소더스를 본 이후 필자는 팀 MVP에서 마케팅과 관련한 활동을 2015년까지 이어가게 되었다. 마케팅에 대한 활동은 다양한 종목의 스폰서십 연결과 개인 스트리밍 방송 계약 부분까지 다양한 영역의 업무를 커버하게 되었다. 이러한 경험은 앞으로 이야기할 지역 e스포츠 활동에 좋은 자양분이 되었다.

(1) 지역 e스포츠의 시작

필자의 고향은 부산이다. 부산은 '야구의 도시', 부산 국제 영화제가 펼쳐지는 '영화의 도시'이자 매년 11월이면 지스타(G-Star)가 진행되는 '게임의 도시'로 불리기도 한다. 2015년 11월 지스타가 진행되는 그때 처음으로 부산시와 지역 e스포츠에 대한 논의를 진행하게 되었다. 부산시의 e스포츠 및 게임과 관련한 모든 업무는 부산정보산업진흥원에서 업무를 진행하고 있다.

현재도 그렇지만 2015년도의 부산정보산업진흥원은 e스포츠에 대한 열정이 가득하였다. 그리고 지역 기반의 e스포츠팀에도 많은 관심을 보이고 있었다. 그러나 실제 e스포츠팀 형식을 갖추고 적극적인 지원을 하기 위해서는 인력과 예산 그리고 e스포츠팀에 대한 이해가 부족한 부분이 많아 어려움이 존재하였다. 이러한 상황에서 필자는 2016년 지역 e스포츠에 대한 새로운 도전을 시작하게 되었다. 부산정보산업진흥원 그리고 마크오가 업무 협약을 맺고 국내 최초의 지역 기반의 e스포츠팀 GC BUSAN(Game Club Busan)을 론칭하게 된 것이다.

2016년 8월경 선보이게 된 GC 부산의 시작은 기존에 기관에서 지원을 하고 있던 '블레이드 앤 소울' 종목 팀에 대한 관리부터 진행이 되었다. 하지만 기관에서 지원을 하고 있던 팀의 대중적 인지도가 높지 않았던 탓에 팀의 대중적인 인지도 확보를 위해 신규 종목 운영에 대한 고민을 시작하게 되었다. 이때 필자는 새롭게 오버워치 종목을 중심으로 한 e스포츠팀인 팀 블라썸(Team BlossoM) 브랜드를 론칭하며, 팀 운영을 준비 중에 있었고 GC 부산의 고민이었던 상황 신규 종목에 대한 솔루션을 팀 블라썸의 '오버워치'와 함께 '하스스톤' 종목 팀을 GC 부산 이름으로 활동하게 하여, 지역 e스포츠팀의 본격적인 서막을 알리게 되었다.

(2) 오버워치 선수 선발

GC 부산은 2017년 '블레이드 앤 소울' 레드/블루팀과 '오버워치', '하스스톤'팀으로 다(多)종목 팀으로 구성되어 운영되었다. 그중에서도 당시 신규 종목으로 대중적인 인기가 높았던 '오버워치'를 중심으로 운영이 되었기에 해당 종목 팀을 중심으로 선수 선발과 운영에 대한 이야기를 전달하고자 한다.

2016년 겨울 최초의 지역 e스포츠팀인 GC 부산의 오버워치팀 운영을 위한 선수 선발을 하기에 앞서 필자는 지역 팀의 올바른 방향성 제시와 시작하는 팀이 가질 수 있는 다양한 이슈를 함께 개선할 수 있는 인재(감독, 코치 등)을 영입하여, 오버워치팀의 뼈대를 만들게 된다.

이후 뼈대가 갖춰진 팀을 견고히 하고 아름답게 만들기 위해 선수 선발을 진행하게 되었다. 선수 선발을 위해 기존의 타 종목 등에서 많이 진행되었던 지인 추천 및 탑 랭커 대상으로 선수 활동에 대한 제안을 하며, 직접적인 선수 선발과 함께 최초의 지역 e스포츠팀으로의 선도적인 길을 만들고 부산 지역 기반의 선수들을 선발하기 위한 활동을 진행하게 되었다.

선수 선발과 관련해 많은 부분이 서울과 수도권 중심에서 진행되었던 기존의 방식에서 벗어나 트라이아웃 형태로 진행된 테스트에 통과한 선수들은 지역을 기반으로 한 최초의 지역 e스포츠팀 선수로서 새로운 시작과 꿈을 펼칠 수 있는 기회를 얻게 되었다.

▲ GC 부산 오버워치팀 최초 선수 선발

(3) 오버워치팀 운영

GC 부산 오버워치팀의 처음은 부산에서 팀 하우스를 잡지 않고 운영을 하게 되었다. 그 이유는 경제적인 부분과 함께 정규 대회를 출전하지 못하는 선수들의 개인적인 상황(학업 등)이 맞물려 스크림(연습) 계획을 세워 온라인으로 만나 진행하는 부분이 더 나은 컨디션으로 판단하여 진행하게 되었다.

온라인으로 팀을 운영하는 것은 당시 유럽에서 많이 운영되는 방법이었다. 유럽 기준의 다양한 종목의 선수들은 유럽 내 다양한 나라에서 활동하는 선수들이 많았기에, 온라인으로 스크림만 진행하고 합을 맞춘 후 대회에 참가하는 방향으로 운영되는 경우가 많았다. 이러한 운영의 장점은 경제적인 리스크 감소와 개인 생활을 중시하는 유럽인의 스타일과 잘 맞아떨어졌다. 반대로 선수들의 합을 맞추고 상호 간의 커뮤니케이션으로 유대감을 형성하여 실력 이상의 시너지를 발휘할 수 있는 여건을 만들지 못한다는 단점 또한 뚜렷하게 나타나는 점이 있다. (물론 현재에는 한국형 합숙 모델을 통한 팀을 운영하는 것이 트렌드가 되었다.)

이후 GC 부산 오버워치팀은 2017년 상반기를 기점으로 많은 변화를 맞이하게 되었다. 1차 선발된 선수와 함께 2차로 추가 선발된 선수들이 합이 맞아가며, 스크림에서 좋은 성적을 거두게 되었다. 이러한 성적의 결과물은 2017년 오버워치 대회 중 가정 권위 있는 대회였던 '오버워치 핫식스 APEX 시즌4'의 본선 진출을 위해 더 많은 준비가 필요하다는 것을 느끼게 되었다.

▲ GC 부산 오버워치팀 PC방 대회 우승

그 준비의 첫 시작은 팀원의 합숙과 함께 합숙 장소를 부산으로 하는 것을 결정하게 되었다. 이런 결정은 당시 기관에서의 지원이 크지 않은 상황에서 지방에 팀 베이스(팀 하우스 및 인프라 등)를 하는 것이 운영자의 입장에서의 부담은 서울과 인근 지역을 중심으로 운영되는 팀보다 1.5~2배의 운영비에 대한 부담이 들 수 있는 것이었지만, 국내 최초의 지역 연고 팀이라는 의미에 부합하기 위해 필자와 감독, 코치가 어려움을 감내하고 진정한 지역 연고 베이스의 팀으로 거듭나기 위한 결정을 하게 된 것이다.

▲ GC 부산 오버워치팀 부산 팀 하우스

팀 하우스를 부산으로 결정한 후 선수들은 팀 하우스에 모여 합숙을 진행하게 되었고, 스케줄에 맞춰 규칙적인 생활을 하게 되었다. 선수들 입장에서도 합숙에 대한 경험이 많지 않았던 상황에서 개개인의 생활 패턴과 스타일을 양보하며, 하나의 목표를 향해 연습을 하였다. 합숙 훈련 결과는 '오버워치 핫식스 APEX 시즌4'의 본선 진출이라는 값진 결과를 만들게 되었고, 이제 최정상이라는 목표를 설정하고 달릴 수 있게 되었다.

그러나 정상을 목표로 하는 팀에게 새로운 변수가 발생하게 되었다. 본선 경기는 서울 상암동 OGN 경기장에서 펼쳐지는데 부산을 연고로 하는 팀으로서 필연적으로 발생하는 물리적인 거리로 인한 이동 시간에 대한 변수가 그것이었다. 이동 시간은 선수들의 경기력에 영향을 미칠 수 있는 큰 문제였다. 변수를 줄이기 위한 최선의 방법을 찾는 것이 필자에게는 새로운 미션으로 주어지게 되었다.

미션을 해결하기 위해 부산을 베이스로 하는 AIR BUSAN(에어부산 주식회사)를 콜드 컨택 후 직접 방문하였다. 에어부산은 저가 항공사(LCC)임에도 국내 유일의 스카이트랙스 4성급 항공사로 서비스와 고객 만족이 높은 LCC로 홍행을 하고 있었다. 항공사가 e스포츠와 인연을 맺은 것은, 2010년 스타리그의 후원사로 '대한항공'이 참여한 것이 시초였다. 대한항공의 LCC 브랜드인 '진에어'가 e스포츠팀의 타이틀 스폰서로 활동하는 것 말고는 없었다.

이렇듯 항공사와 e스포츠가 큰 접점을 찾을 수 없던 상황에서 지역을 기반으로 하는 유일한 e스포츠팀이라는 것과 LCC를 이용하는 고객과의 커뮤니케이션함에 있어 게임과 e스포츠는 긍정적인 커뮤니케이션 요소가 될 수 있다는 부분을 적극 어필함과 동시에 지역 e스포츠팀과 함께해야 한다는 당위성을 가지고 GC 부산 오버워치팀의 파트너로 이끌게 되었다.

'에어부산'과의 파트너십은 대형 파이널 대회 참석을 위해 비행기를 타고 팀이 이동하는 것을 제외하고는 전 세계 최초로 비행기를 이동 수단으로 하는 e스포츠팀이 되어 서울과 부산을 이동하게 되었다.

▲ GC 부산 오버워치팀 에이부산 파트너십

▼ GC 부산 오버워치팀 에이부산 탑승

(4) APEX 최초 '로얄로더'

서울과 부산을 오가며 경기를 진행한 GC 부산 오버워치팀은 무서운 기세를 보이며, 본선 조별 리그를 뚫고 8강 그리고 4강에 진출하게 되었다. 특히 8강 B조 최종전은 시즌3 챔피언인 '루나틱하이'와의 단두대 매치로 8강 B조 1차전과 동일하게 3:0 셧아웃 승리를 가져오며, '갈매기 혁명'으로 회자할 만큼의 놀라운 성과를 만들게 되었다. 이후 진행된 4강전에서는 시즌3 준우승을 차지한 '클라우드 나인 콩두'를 맞아 4:0 셧아웃 승리하며 거침없이 결승에 진출, 대회 최초의 '로얄로더'(처음 진출한 대회에서 예선을 통과하고 본선에 올라 대회 챔피언이 되는 것)를 꿈꾸게 되었다.

▲ GC 부산 오버워치팀 멤버

2017년 10월 21일 토요일 일산 킨텍스에서 진행된 '오버워치 핫식스 APEX 시즌4' 대회의 결승전은 당시 최고의 인기를 구가하던 '러너웨이' 팀과의 일전을 펼치게 되었다. BJ러너를 중심으로 오랜 기간 팀 합을 맞춘 팀인 만큼 실력과 팬들의 응원이 대단하였다. 하지만 GC 부산 선수들의 염원이 더 컸던 것인지 8강 승자전에서 3:2로 패배했던 아픔을 결승전에서 4:3으로 되갚아 주며 최초의 지역 연고 e스포츠팀이 오버워치 대회 최초의 '로열로더'에 등극하는 새로운 역사를 만들게 되었다.

▲ GC 부산 오버워치팀 오버워치 APEX 시즌4 우승

(5) 오버워치 리그로의 이적

　GC 부산 오버워치팀의 선수들은 APEX 대회의 우승 이후 진행된 글로벌 대회 '오버워치 APAC 프리미어 2017'에서도 APEX 시즌4 결승의 상대였던 러너웨이를 맞이하여 4:1 세트 스코어로 승리하며, 글로벌 로열로더로 우뚝 올라서게 되었다. GC 부산 오버워치팀이 로열로더로 연전, 연승을 하던 사이 오버워치 e스포츠에서는 큰 변화가 진행되고 있었다.

▲ GC 부산 오버워치팀 오버워치 APAC 2017 우승

바로 미국의 MLB, NFL 등 프로 스포츠에서 진행되던 프랜차이즈 모델을 오버워치 e스포츠에 적용하며, e스포츠의 판을 흔들게 되었다. 프랜차이즈 모델은 라이엇게임즈의 '리그 오브 레전드' e스포츠에서 진행되던 나라별 프랜차이즈 모델에서 벗어나 액티비전 블리자드가 판매하는 나라별 시드권(팀 운영 권리)을 구매하여, 글로벌 프랜차이즈 대회로 e스포츠의 사이즈를 키우게 되었다.

2018년에 오픈을 준비한 '오버워치 리그'는 나라별 시드권을 구매한 팀에게는 팀을 구성할 스태프와 선수가 가장 중요하였다. 여기서 GC 부산 오버워치팀은 인기가 높지 않았다. 당연히 GC 부산 선수들은 루키 시즌에 챔피언이 되었기에 오버워치 리그가 준비 중이던 시즌 중간에는 아무런 어필을 하지 못하였다. 그러나 오버워치 리그가 오픈하기 전 시즌의 챔피언이자 당시 메타에 가장 큰 영향력을 펼쳤기에 리그 팀을 구성하기 위해 동분서주하던 팀의 오너 및 매니저의 컨택이 많이 오게 되었다. 당시의 선수에게 직접 오퍼는 템퍼링으로 이슈가 될 수 있기에 팀의 오너였던 필자에게 전달되어 이적을 위한 협상을 진행하게 되었다.

이전 '리그 오브 레전드' 사례에서 경험했던 것처럼 이적료에 대한 부분 이외에 선수들을 얼마나 환경적으로 상향된 상황을 원하는지가 이적을 위한 기본 협상 가이드가 되었다. 그리고 개인별 이적보다는 팀원 전체가 한 팀으로 이적하는 것이 새로운 리그에서의 적응과 실력을 더욱 잘 펼칠 것이라는 생각도 있었기에 단체로 이적이 가능한 팀과의 협상을 진행하게 되었다. 그렇게 진행한 협상의 결과   오버워치 리그팀 중 영국 런던을 연고로 하는 '런던 스핏파이어'(London Spitfire)에 GC 부산 오버워치팀 선수 중 6명과 코치 1명, 총 7명을 팀 단위 이적을 성 사시키게 되었다.

▲ 오버워치 리그 런던 스핏파이어팀

여기서 런던 팀으로 이적을 하지 못한 감독 1명은 서울 다이너스티 팀으로의 이적, 선수 1명은 은퇴를 하며, 2017년 GC 부산 오버워치팀의 역사는 종료가 되게 되었다. 그 이후 GC 부산 선수들이 활동한 '런던 스핏파이어'(London Spitfire)가 2018년 오버워치 그랜드 파이널의 챔피언으로 등극하며, 오버워치 리그의 로열로더로 오버워치 e스포츠 전체 역사에 최초의 기록을 남기게 되었다.

필자는 GC 부산 오버워치팀에서 매니저 그리고 선수를 대리하는 대리인 역할 등 다양한 부분에서 활동을 진행하게 되었다. 현재는 전문적인 분야를 나누어 팀을 운영하고 있으나 당시에는 세분화를 통해 활동하는 경우가 많지 않았기에 전체적인 기획과 운영 그리고 매니지먼트가 가능했으리라 생각하며, 이러한 부분에서 현재의 e스포츠의 팀과 선수 매니지먼트에서는 더욱 발전할 것이라 생각한다.

3

e스포츠 인프라

e스포츠의 인기가 높아짐에 따라 국가 차원에서 e스포츠 산업을 키워야 한다는 주장이 펼쳐지게 되었다. 이러한 주장의 결과로 2018년 문화체육관광부에서는 '지방 e스포츠 상설경기장 건립 사업'이라는 e스포츠 진흥을 위한 인프라 구축 사업을 추진하며, 서울과 수도권 중심의 e스포츠 인프라를 각 지역으로 확장을 통해 중앙 집중화를 벗어나 지역별 경쟁력을 갖출 수 있도록 하는 e스포츠의 발전 방향을 제시하게 되었다.

이렇게 진행된 사업에서 필자는 광주광역시와 광주정보문화산업진흥원이 공모 사업을 준비하는 데에 e스포츠 경기장 구축과 콘텐츠에 대한 필수 사항을 컨설팅하게 되었고, 이후 공모 사업에 선정된 광주를 포함해 부산과 대전 총 3개의 지역이 2020년과 2021년에 e스포츠 상설경기장을 오픈하게 되었다. 이후 2022년 경상남도 진주시에 구축될 상설경기장(부산, 광주, 대전과 동일한 건립 사업)과 2024년 경기도 성남에 구축될 e스포츠 경기장(경기도 도비 지원 사업)까지 포함하면 총 5개의 지역 e스포츠 상설경기장이 운영될 예정에 있다.

▲ 부산 e스포츠 상설경기장 (출처: 운영사 홈페이지)

▲ 광주 e스포츠 상설경기장 (출처: 운영사 홈페이지)

▲ 대전 e스포츠 상설경기장 (출처: 운영사 홈페이지)

국비 및 도비로 구축되어 운영되는 e스포츠 상설경기장 외에도 민간에서 주도하여 운영하고 있는 e스포츠 경기장까지 포함하면 국내에는 10개가 넘는 e스포츠 경기장이 운영되고 있다. 물론 미국 라스베거스의 e스포츠 경기장과 중국 항저우 e스포츠 타운 등과 비교를 하면 전체적인 규모에서 큰 차이를 보일 수 있겠으나 단기간에 지역별 경기장을 구축하는 부분에서는 대단히 빠른 속도로 경기장을 확보해 나가는 모습을 보여 주고 있다.

▲ 미국 라스베거스 Allied Esports (출처: 운영사 홈페이지)

　이렇게 구축되고 있는 e스포츠 상설경기장 운영에 있어서 장밋빛 미래만 있는 것은 아닐 것이다. 국내 최대 규모를 자랑하던 상암동의 '서울 OGN e스타디움'과 강남의 '넥슨 아레나' 등 e스포츠 상설경기장의 운영 종료는 e스포츠 경기장 운영에 대한 많은 시사점을 피력하고 있다.

　이러한 상황 속에서 필자는 지역 e스포츠 상설경기장의 활성화와 지역민을 위한 지속 가능한 e스포츠 인프라 운영에 대한 3가지 키워드 제시를 통해 지역 e스포츠 연착륙을 위한 솔루션을 찾아보고자 한다.

Keyword 1. 자생력

지역 e스포츠 상설경기장에 투입되는 자금 구성은 공모 사업을 통해 선정된 지자체에 투입되는 국비와 유치한 지자체의 사업 자금, 그리고 별도의 추경 등을 통해 마련된 자금으로 구성되어 경기장을 구축하는 데 사용하는 것으로 알려져 있다. 이후 구축된 경기장에 투여되는 비용은 시설물 운영과 유지 보수 등 운영(사)의 연간 예산 중 경기장 운영 관련 예산으로 부분 배정을 받아 운영되며, 경기장 운영을 위한 별도의 인력 선발과 함께 지역 대회 계획 등으로 경기장 운영을 위한 기본적인 활동을 진행하는 것으로 알려져 있다.

현재 지역 e스포츠 상설경기장의 운영 목적 1순위인 지역민의 생활 문화로 e스포츠가 자리 잡을 수 있도록 훌륭한 인프라를 제공하는 것에 있으며, 이러한 목적을 바탕으로 지역 e스포츠 대회 개최와 경기장 투어 등의 활동을 진행하고 있다. 다만 이렇게만 진행이 된다면 국민의 세금으로 건립된 e스포츠 상설경기장의 올바른 운영이라 할 수 있을까? 물론 수익 사업 중심의 경기장 운영은 기존 건립의 취지와 상충되는 부분이 많기 때문에 민원 등의 이슈가 발생할 수 있다. 그러나 책정되어 있는 운영 예산 부분을 줄일 수 있는 자생력을 갖출 수 있는 운영 방안을 계획한다면 지역민의 세금을 줄이며, 더 나은 서비스를 제공하고 자발적인 홍보가 되어 더욱 주목받을 수 있지 않을까?

자생력을 위한 방안으로 제시할 수 있는 것은 수익화 활동을 이야기할 수 있겠다.

▲ SK올림픽 핸드볼경기장 (출처: 운영사 홈페이지)

수익화 활동은 민간 기업이 지역의 경기장 인프라를 마케팅 용도로 활용할 수 있는 파트로 구성하여 세일즈 하는 것이다. 기존 스포츠의 오프라인 경기장에 네이밍 라이츠 파트너십으로 수익을 창출하는 방법을 차용하여, 지역 e스포츠 상설경기장에 민간 기업의 네이밍 라이츠를 제공하고 이를 통한 수익화를 이루는 방법은 인프라의 하드웨어에 피해가 되지 않으면서 상징성을 활용하여 지속적인 스토리를 만들 수 있는 방법이기도 하다. 네이밍 파트너십 활동이 가능하기 위해서는 지자체의 경기장 활용에 있어 유동적인 부분이 있어야 진행이 가능할 것이다. 기존 야구장의 펜스 광고비 및 입장료 배분에 대한 사례를 비추어 보았을 시 지역 단체가 운영하는 시설물에 대한 수익화를 위한 활동에 있어 적극적인 스탠스 취하기 어려운 부분과 함께 지자체로 돌아가는 몫이 많아야 한다는 의견이 대다수를 이루고 있으며, 그렇게 운영되는 것으로 확인할 수 있다.

이러한 상황에서 e스포츠 상설경기장 또한 크게 다르지 않을 것으로 판단된다. 물론 야구장을 이용하는 이용 주체가 명확하게 지역을 기반으로 한 민간 기업이 입주하여 사용하는 부분은 현재의 e스포츠 상설경기장 이용과는 상이하다. 그러나 경기장 건립과 운영의 주체는 지역 단체에 진행하는 것과 동일한 상황으로 이야기할 수 있다. 이렇게 보았을 시 자생력 확보를 위한 수익화 활동을 위해서는 운영(사)의 유동적인 운영이 필수적일 것으로 판단된다. 운영(사)에서 수익화 활동을 진행한다는 일련의 이야기만으로도 수익화 사업이 경기장 운영에 대한 주목적으로 보일 수도 있는 부분이기에 운영(사)와 민간 기업이 머리를 맞대어 상호 간의 Win-Win 할 수 있는 공공을 위한 수익화 활동 모델을 만들어 가는 부분이 필수적일 것이다.

Keyword 2. 콘텐츠

첫 번째로 제시한 자생력을 위한 수익화 활동을 위해서는 그 공간에 대한 알찬 내용이 있어야 많은 관람객이 찾고, 그 관람객이 만드는 이야기들로 히스토리를 만들어 나갈 것이다.

앞서 이야기하였던 'OGN 서울 스타디움'과 '넥슨 아레나'의 운영 종료에 있어서는 운영을 위한 경제적인 부분도 있었겠으나 콘텐츠의 부족이 큰 비중을 차지하는 것으로 알려져 있다. 방송국 중심의 e스포츠 대회 제작과 송출되는 상황이 게임을 제작한 게임사(IP사) 중심으로 e스포츠 대회 제작과 운영으로 중심축이 넘어간 상황에서 서울에 위치한 경기장들 또한 자체 방송을 할 수 있는 e스포츠 대회 콘텐츠의 부족과 대회 이외의 방송 콘텐츠의 개발이 어려운 상황 속에 경기장 운영 종료를 알리게 되었다.

서울 그리고 수도권에 자리한 경기장 운영에 대한 어려움이 존재하고 있는 것에 있어 지역에 위치한 상설경기장은 지리적인 환경으로 인해 더한 어려움에 직면하고 있을 것이다.

이렇듯 콘텐츠 수급에 대한 어려움은 수익화 활동으로 자생력을 얻고자 하는 지역 e스포츠 상설경기장에 위협을 주는 상황을 만들 것이다. 현재 운영(사)에서 계획 및 운영을 하고 있는 콘텐츠 활동에서는 대통령배 KeG대회 지역 대표 선발전, 지역 직장인 대회 등 지역 e스포츠 아마추어 대회와 부트캠프, 포럼 개최 등 지역 밀착형 콘텐츠들로 구성이 되어 운영되고 있는 상황이다. 이렇게 운영되는 부분은 기존의 경기장 건립과 운영 취지에 맞게 운영되는 것으로 보이고 있다.

그러나 언제나 그랬듯 자생력을 확보하지 못한다면 앞서 이야기되었던 경기장들과 같은 운명을 마주하게 될지도 모른다. 물론 지자체 예산의 편성으로 경기장이 운영될 것이기에 종료까지는 되지 않을 것이다. 하지만 빠르게 변화하는 트렌드 속에 e스포츠 경기장 또한 언제 어떻게 될지 모르는 상황이기에 자생력은 필수적일 것이라 생각된다.

이런 상황 속에서 자생력을 갖추기 위한 핵심 요소인 콘텐츠는 더욱 중요한 부분으로 받아들여질 것이다. 콘텐츠 확보를 통한 경기장 가동률 상승과 경기장 집객률 상승 그리고 경기장 주변의 소비 활동까지 선순환 구조로 이어질 수 있기에 지역 경제 활성화까지 기대할 수 있을 것이다. 이런 결과를 만드는 상수인 콘텐츠를 확보하기 위해서는 어떤 방법이 있을까?

현재 주요 대회를 주관하는 게임사들과의 협의를 통해 프로 e스포츠 정규 대회를 지역에 유치하는 방법과 글로벌 e스포츠 대회 브랜드와의 제휴를 통해 예선과 본선을 지역 e스포츠 상설경기장에서 진행함으로써 지역과 상설경기장이 글로벌로 회자가 되게 할 수 있는 방법 등이 있을 것이다.

앞서 이야기한 프로 e스포츠 정규 대회와 글로벌 대회 유치에 대한 두 가지 방법 모두 투자가 수반이 되어야만 확보를 할 수 있는 콘텐츠이다. 물론 유치를 위해 상당한 비용이 투자될 것이다. 그러나 해당 부분은 단순히 일회성의 부분으로 그칠 가능성이 높다. 그 이유는 주요 프로 e스포츠 정규 대회들은 서울에서 진행이 되며, 서울에서의 흥행력이 입증되었기에 물리적 이동 거리가 있는 곳으로 이동하여 대회를 진행 했을 때에 대한 흥행 및 경기력 등에 대한 의문점이 존재하고 있기 때문이다.

이렇게 본다면 일회성에서 벗어나 장기적인 관점에서 지자체가 자체적으로 보유할 수 있는 대회 브랜드를 기획하여, 지역이 중심된 e스포츠 대회를 만드는 것이 이상적일 것이라 이야기할 수 있다.

폴란드 카토비체는 2012년부터 IEM(Intel Extreme Masters) e스포츠 대회를 유치하며, 30만 인구의 소도시인 카토비체가 e스포츠 글로벌 성지로 주목을 받게 되었다. 물론 IEM은 ESL(Electronic Sports League)에서 주관하고 인텔이 후원하는 다종목 e스포츠 대회인 IEM은 운영의 주체가 세계적인 e스포츠 기업이란 배경이 있지만, 지역 e스포츠 경기장의 성공을 위한 콘텐츠 확보라는 미션을 해결하기 위해서는 공격적인 방향으로 지역을 알리고 산업적인 가치를 인정받을 수 있도록 지역의 e스포츠 대회 브랜드화의 중장기 계획을 통해 일회성이 아닌 장기적인 관점에서 운영할 수 있는 부분을 만들어야 할 것이다.

▲ IEM KATOWICE 2021 (출처: 운영사 홈페이지)

여기서 제기될 수 있는 비용에 대한 이슈의 솔루션은 기존에 편성되어 있는 지자체의 e스포츠 예산 중 일부와 함께 지역 기반의 민간 기업의 투자 그리고 지역 e스포츠 신사업 모델에 대한 지역 펀드 구성을 통해 지역 e스포츠 콘텐츠를 위한 새로운 방향을 만들 수 있을 것이다. 여기에서는 지역을 위한다는 정성적인 투자와 미래의 신산업을 위한다는 정량적인 투자가 결합되어야 만이 성공적인 결과를 도출할 수 있을 것이다.

Keyword 3. 교육

경기장의 구성은 크게 주경기장과 보조경기장 그리고 방송 송출을 위한 주(부)조정실 등의 경기 진행을 위한 파트와 함께 e스포츠 인재 양성을 위한 아카데미 파트로 구성이 되어 있다. 여기서 필자가 이야기 하는 아카데미 파트라 함은 e스포츠 산업에서 활동할 인재를 양성하기 위한 프로그램을 가지고 이론과 실기를 배우고 실행할 수 있는 교육 서비스를 제공하는 것이라 할 수 있다.

e스포츠 산업 내 e스포츠 선수, e스포츠 마케팅, e스포츠 방송/스트리밍 등 e스포츠 산업이 가지고 있는 다양한 분야별 직업 교육 등으로 일할 수 있는 인재를 만들겠다는 것이다.

인프라가 구축되어 있는 상황에서 경기장 시스템을 사용하고 대회 콘텐츠를 운영에 참여하는 교육 프로그램에 있어 여타 교육 아카데미 보다는 큰 이점을 가지고 진행이 될 수 있다.

그러나 필자의 입장에서는 해당 교육의 지원자와 이수자에게 명확한 아웃풋을 제공하고 있는지에 대한 걱정이 앞선다. 교육 프로그램에 지원하는 사람은 e스포츠 선수가 되기 위해, e스포츠 필드에서 일을 하기 위해서라는 뚜렷한 목표가 있어 지원을 할 것이다. 하지만 현실에서의 e스포츠 선수가 되기 위해서는 아카데미에서 배울 수 있는 티어(등급) 교육 이외에도 각 팀 별 선발전을 통한 입단, 에이전시 연계를 통한 팀 입단 등 더 세분화되어 진행되고 있는 상황이다. 마찬가지로 e스포츠 필드에서 일을 하기 위해서도 방송사, 팀 사무국, 게임사 등에서 안내하는 채용 일정과 조건 등에 따라 취업할 수 있는 기회를 얻게 된다.

▲ 영국 스태포드셔 대학 e스포츠 (출처: 학교 홈페이지)

현실을 보았을 시 교육 프로그램을 이수하게 되었을 때 어떤 이수자에게 어떠한 혜택을 제공할 수 있을까? 교육 프로그램에 지원하는 지원자의 대다수는 10대 중반에서 20대 초반의 e스포츠에 관심이 높은 사람일 것이다. 대다수 지원자의 현실을 고려했을 때 e스포츠 이외의 분야에도 도전할 수 있는 방향을 제시해 줘야 할 것이다.

이런 방향을 제시하기 위해서는 e스포츠 교육 프로그램이 제도권에서 인정을 받을 수 있는 방법을 마련하면 좋을 것이다. 지역 e스포츠 상설경기장 내에서 진행되고 있는 e스포츠 아카데미 프로그램이 지역 대학교와의 제휴 등을 통해 e스포츠 학과 개설 또는 학점 인정 등으로 학위에 대한 인증을 받을 수 있도록 내용적인 측면과 외형적인 부분을 학교와 동일한 교육 서비스를 제공할 수 있다면 e스포츠 교육 프로그램이 제도권 속으로 한 단계 더 다가가는 것과 함께, 지역 대학교가 가진 인구 절벽으로 인한 지역 대학교 경쟁력 확보를 위한 방안으로 새로운 학문에 대한 연구 개발의 기회와 함께, 지역 대학교의 신입생 모집에 대한 갈증을 해소할 수 있는 기회를 추가로 얻을 수 있을 것이다. 이런한 시도는 e스포츠 교육 프로그램 이수자와 지역 대학교 간의 시너지를 낼 수 있는 방법이라 이야기할 수 있을 것이다.

교육과 관련한 필자의 생각의 실현을 위해서는 관련한 단체와 많은 부분에서 해결해야 하는 문제들이 있을 것이다. 교육 이외에도 필자가 제시한 자생력과 콘텐츠에 대한 부분에서도 많은 허들이 존재할 것이다.

그러나 키워드별 이슈에 대해 기본적으로 제시한 방안에 대한 고민 없이 운영되는 사항들은 세금으로 건립되고 운영되는 지역 e스포츠 경기장에 대한 우려만을 낳을 것이다. 중장기적인 관점으로 생활문화로 e스포츠가 될 수 있도록 관심과 계획, 실행이 필요하며, 실질적인 혜택이 돌아갈 수 있도록 지속적인 노력이 필요할 것이다.

[주요 e스포츠 경기장]

No	운영(사)	경기장 명	객석(석)	개관(년)	위치
1	RIOT GAMES	LOL PARK	450	2018	서울특별시 종로구 종로33 그랑서울 3층
2	AFreecaTV	프릭업 스튜디오	200	2014	서울특별시 강남구 테헤란로 626 2층
3	AFreecaTV	아프리카 콜로세움	600	2020	서울특별시 송파구 올림픽로 240 지하1층
4	VSPN	V.SPACE	400	2020	서울특별시 중구 을지로 264 동대문롯데피트인 9층
5	Actoz Soft	VSG ARENA	100	2018	서울특별시 강남구 테헤란로44길 8, 지하 1층
6	INVEN	인벤 라이젠 e스포츠 아레나	120	2018	경기도 성남시 분당구 성남대로331번길 9-9
7	부산정보산업 진흥원	Brena	330	2020	부산광역시 진구 중앙대로 672, 삼정타워 15~16층
8	광주정보문화 산업진흥원	광주 e스포츠 상설경기장	1,005	2020	광주광역시 동구 필문대로 309 조선대학교 해오름관
9	대전정보문화 산업진흥원	대전 e스포츠 상설경기장	500	2021	대전광역시 유성구 대덕대로 480 첨단과학관 (엑스포)
10	경남문화예술 진흥원	경남 e스포츠 상설경기장	700	2022	경상남도 진주시 가좌동 (신진주역세권도시개발구역)
11	경기도 성남시	성남 e스포츠 전용경기장	413	2024	경기도 성남시 분당구 대왕판교로 645번길 12

* 출처: 각 운영(사) 홈페이지 자료 참고

e스포츠
인사이트
(Insight)

e스포츠 현장 취재 기자의 인터뷰를
통해 본 e스포츠

- 김용우 팀장(데일리 e스포츠)
- 안수민 기자(데일리 e스포츠)

1 cross e-sports

e스포츠를 만들어 가는 사람들

김용우 팀장 (데일리 e스포츠)

(1) 리코 에이전시 – 이예랑 대표

리코스포츠 에이전시 이예랑 대표,
"에이전트는 자신을 보호해 주는 든든한 방패막"

스캇 보라스(Scott Boras)는 메이저리그 에이전트 중 최고다. 미국 내 거대 에이전시인 보라스 코퍼레이션의 대표인 스캇 보라스는 류현진(토론토 블루제이스) 등 수많은 고객을 보유하고 있다. 그는 구단과 협상할 때 탁월한 능력을 보여 주기에 '선수에게는 천사, 구단에게는 악마'라는 평가를 받는다.

에이전트라는 직업이 미국에서는 당연시되는 제도이지만 한국에서는 아직 낯선 것이 사실이다. 정확하게 프로야구에서 에이전트 제도는 2018년 2월부터 도입됐다. 최근에 도입된 제도이기 때문에 많은 사람은 에이전트가 뭐 하는 사람인지 알지 못한다. 일부는 선수의 연봉 협상을 대리하는 사람으로 생각할 수 있지만, 선수의 세밀한 부분까지 관리하는 등 에이전트가 하는 일은 정말 많다. 이예랑 대표와의 인터뷰를 통해 에이전트가 기본적으로 하는 일, e스포츠 영역으로 넓힌 이유, 마지막으로 e스포츠 영역에서의 에이전트 역할에 대해 이야기해 보고자 한다.

'한국판 스캇 보라스'라고 평가받는 이예랑 대표가 이끄는 리코스포츠 에이전시는 김현수(LG 트윈스), 양의지(NC 다이노스), 박병호(키움 히어로즈) 등 120여 명의 선수를 보유하고 있다. 대형 계약을 끌어내면서 많은 이는 이예랑 대표를 '한국판 스캇 보라스'라고 부른다.

야구뿐만 아니라 축구, 골프, 쇼트트랙 등 다양한 종목에서 활동하던 리코스포츠 에이전시가 최근 e스포츠로 진출을 선언했다. e스포츠에서는 '에포트' 이상호(리브 샌드박스), '엄티' 엄성현(프레딧 브리온), '레오' 한겨레(아프리카 프릭스), 김선묵 감독, '쏠' 서진솔, '시크릿' 박기선(이하 라스칼 제스터), 박태진 코치(PSG 탈론) 등 국내외에서 활동하고 있는 11명의 고객을 보유하고 있다.

🔘 **우선 자기소개를 부탁한다.**

🅐 안녕하세요. 저는 리코스포츠 에이전시 이예랑 대표입니다. 주 사업 영역은 선수 에이전트 및 매니지먼트다. 사실 이걸 어떻게 구분해야 할지 모르겠지만 에이전트라고 부르는 게 맞을 거 같다. 선수의 대리인으로서 활동하는 영역이 가장 크다. 그 외에도 다양한 마케팅 대행과 콘텐츠 제작 활동을 하고 있다. 최근 e스포츠 같은 경우는 선수 계약과 함께 게임단과 마케팅도 준비하고 있다. 종목으로는 야구, 축구, 골프, e스포츠 그리고 쇼트트랙, 당구, 테니스, 리듬체조 등 개인종목 선수를 보유하고 있다.

🔘 **그렇다면 어떻게 에이전트 일을 시작하게 된 건가?**

🅐 사람들이 많이 물어보는 질문이다. 원래 스포츠를 좋아했고 당시 '스포츠 에이전트 활성화'도 정부 계획 중의 하나였다. 정부 계획이기 때문에 몇 년 안에 될 수 있겠다고 생각했다. 또한, 여러 가지 잘 맞아떨어지는 시기였다. 개인적으로 갖고 있던 커리어를 끝내고 미국으로 가서 공부를 하면서 새로운 커리어를 만들려고 했다. 당시 류현진 선수가 로스앤젤레스 다저스에서 활동했고, 나도 로스앤젤레스에서 공부를 하고 있었다. 그쯤 한국 프로야구(KBO)의 많은 팀이 미국에 전지훈련을 갔다. 당시 기억으로 애리조나에 일곱 팀이 갔을 거다. 전지훈련에 참가한 선수도 자연스럽게 미국에서 생활하면서 필요한 부분이 생겼다. 친분이 있던 선수가 있어 도와줬는데 류현진 선수의

에이전트인 스캇 보라스를 보면서 선수들이 더 좋은 대우를 받을 수 있지 않을까 하는 생각을 하게 됐다.

그래서 에이전트를 하기로 했다. 에이전트를 준비하기 전에 6개월 이상 조사도 했고 관련 공부도 했다. 결론적으로 에이전트라는 직업이 괜찮을 거 같았다. 당시 미국에서 공부를 하던 도중에 결정했다. 당시에는 합리적이었다고 생각했는데 시작을 해보니 무모했던 거 같다. (웃음)

에이전트를 하겠다고 생각한 이후에는 무모하게 한번 해보자고 했다. 선수들과 보람도 느낄 수 있고 잘되면 돈도 벌 수 있지 않을까라고 생각했다. 사실 일을 할 때 재미있는 걸 좋아한다. 재미있으면서 보람도 느낄 수 있고 사업적으로도 가능성 있는 블루오션이라고 판단했기 때문이다.

Ⓠ 리코 에이전시가 영입한 첫 번째 선수는 누구인가?

Ⓐ 그게 가장 애매하다. 당시에 첫 고객은 조성환(한화 이글스) 코치님이었다. 당시에는 롯데 자이언츠에 있었는데 내가 지인이고 영어를 알려 주고 있었다. 정확하게 에이전트로서 직접적으로 성과를 낸 이는 김현수(LG 트윈스) 선수였다. 초반에 인도스먼트(Endorsement) 계약을 한 적이 있었지만 사인을 먼저 한 선수는 조성환 코치님이었고 성과를 처음으로 낸 건 김현수 선수였다.

Ⓠ 보기 드문 여성 에이전트인데 어떻게 극복하려고 했는가?

Ⓐ 재미있는 게 한국에서 에이전트가 인정받는 시기가 얼마되지 않았다. 그러다 보니 주위에서 '뭐하는 사람이냐'고 물어봤을 때 '브로커'라는 소리도 들어 봤고 안 좋은 무시도 당했다. 나를 경계하는 시선을 겪기 했지만 지금

과 달리 에이전트라는 직업이라는 자체가 없었다. 그래서 에이전트라는 직업이 뭔지 설명하는 게 힘들었다. 그 기간이 길다 보니 제가 여성으로서 고생했다는 걸 이야기하는 건 거의 없었다. 당시에는 학교 지인, 연차가 된 에이전트들이 신기해서 많이 도와줬다. 역으로 미국 쪽에서 인맥을 쌓고 한국으로 들어온 경우라서 인정을 받을 수 있었다.

Q 사업을 하면 자금 때문에 압박을 받을 수밖에 없는데 초창기에는 그런 어려움은 없었는가?

A 처음에는 어머니 사무실 귀퉁이에서 시작했다. 모아둔 돈으로 시작했는데 처음에는 3년을 생각했다. 그런데 2년 6개월 만에 다 떨어졌다. 그 당시가 회사가 잘되기 시작할 때였지만 돈은 들어오지 않았다. 소속 선수와 직원이 늘어났지만 매출을 늘지 않는, 소위 말해 '브이 곡선'을 그릴 때였다. 출장은 다녀야 하고 해야 할 일은 많은데 통장에는 돈이 들어오지 않았다. 그 당시 너무 힘들어서 어머니께 돈을 빌렸다. 어머니는 웃으면서 "생각보다 늦게 왔다"라고 하더라. 그렇지만 빌린 돈도 금방 나갔다. 부모님께 돈을 빌리는 것도 창피한 나이다 보니 은행으로 가서 신용대출을 받았는데 2년 안에 다 갚았다. 갚은 다음 해에 회사도 처음으로 손익분기를 넘었다. 밖에서 바라봤을 때는 엄청 잘될 거 같지만 우리 같은 경우에는 새로운 분야를 확장해야 하고 e스포츠도 자리잡으려면 시간이 걸린다. 에이전시라는 회사가 성과를 내서 돈을 벌 때까지 시간이 많이 필요하다.

 전통 스포츠에서 인정받은 리코스포츠가 불모지라고 할 수 있는
e스포츠에 도전한 이유는 무엇인가?

 스포츠를 보면 김연아, 김연경 선수 등 한 명의 스타가 이끄는 경우가 많
다. 개인적으로 게임을 좋아했지만, '페이커' 이상혁(T1) 선수가 e스포츠에서
보여 준 능력을 보면서 한국에서도 '제2의 페이커', '제3의 페이커'가 나올 수
있다고 생각했다. 야구 일을 하면서 안타까웠던 점은 한국 야구가 메이저리
그나 일본 야구보다 떨어지는 게 사실이기에 세일즈를 하는 게 어렵다는 것
이다. e스포츠에서는 한국이 최고이지 않나. '종주국'이라는 단어도 사용한
다. 종주국이 될 수 있는 종목에서 나도 활동하고 싶다는 생각을 하게 됐다.
항상 생각하는 게 한국 스포츠가 발전하려면 어떤 종목이든 일부 선수들이
세계 무대를 나가야 한다는 것이다. 세계 무대서 활약해 이름을 알려야 그

종목이 한국에서도 발전을 한다. 그건 100% 확신을 갖고 있는 이론이다. e 스포츠를 놓고 봤을 때 한국이 세계적으로 주목받는 무대다. 한국이기 때문에 어드벤티지가 있다고 생각했다. e스포츠 시장에 들어가서 선수들과 같이 일하면 재미있을 거 같아서 조사를 시작했다. 조사 기간이 야구보다 더 오래 걸렸다.

야구를 보면 오픈된 자료가 많다. 그렇지만 e스포츠의 경우에는 자료는 많지만 다른 이야기가 많다. 관계자도 별로 없고 너무 폐쇄적이었다. 조사를 하면서 선수들의 처우나 계약에 대해 알게 됐다. 그러면서 '꼭 해야겠다'라며 확신을 갖게 됐다. 예를 들어 축구나 골프의 경우 '레드오션'이기에 어렵게 하고 있다. e스포츠는 '레드오션', '블루오션'은 아니지만 선수들도 어리고 계약 내용을 바라봤을 때 불이익을 받는 게 많은 거 같았다. 우리가 들어가서 선수, 팀들한테 도움이 됐으면 한다.

Q 밖에서 본 e스포츠와 직접 들어다본 e스포츠의 차이는 무엇인가?

A 밖에서 봤을 땐 우주 같았다. 우주인데 아직은 깜깜하다고 해야 할까. 아직은 안 닦여진 길이지만 예쁘게 만들 수 있는 가능성이 큰 시장이다. 재미있고 굉장히 빠르게 도는 우주 같다.

Q 리코스포츠가 e스포츠 진출을 선언했을 때 반응은 어땠나?

A 소속된 선수들이 정말 좋아했다. 예를 들어 쇼트트랙 김아랑(고양시청) 선수가 대표적이었다. e스포츠도 또 다른 스포츠로서 자리 잡게 되고 다른 선수들과도 유대관계가 생기면 좋겠다고 생각했다. 선수들도 비시즌 때 같이 유대관계를 쌓을 수 있는지 물어본다.

🎧 **사실 e스포츠에서는 에이전트가 필요없다는 반응을 보인 선수도 있다. 이런 이미지를 바꾸기 위해 어떻게 노력했는가?**

🅰 선수 계약서 사인만 도와주는 사람이라고 생각하는 타 종목 선수가 많다. 개인적으로는 그게 맞을 수도 있다. 저희 같은 경우에는 다양한 분야로 서포터를 하는 편이라서 그런 부분에 대해 이야기를 한다. 우리가 사고에 대비해서 자동차 보험을 드는데 개인이 다 처리할 수 있다면 그런 건 필요하지 않다.

계약이라는 것도 돈을 받는 게 중요하지만 계약서 안에 넣어야 할 부분이 정말 많다. 독소 조항의 경우에는 빼야 한다. 또한, 자신의 편에서 싸워줄 수 있는 사람도 필요하다. 개인적으로 계약은 돈뿐만 아니라 많은 권리를 넣는 거라고 생각한다. 이후에도 사후 관리가 돼야 하는 부분이 크다. 선수 기준으로 장기적으로 생각을 한다면 에이전트가 있다는 건 든든한 일이다. 해외를 기준으로 했을 때 에이전트가 없다는 건 상상할 수 없는 거다. 에이전트는 '나를 보호해 줄 수 있는 나의 든든한 방패막'이다.

🎧 **최근 e스포츠에서 에이전트가 새로운 직업군으로 추가됐다. 에이전트를 원하는 사람에게 조언을 한다면?**

🅰 e스포츠뿐만 아니라 전통 스포츠 리그에서도 지켜야 할 게 정말 많다. 그런 걸 챙기는 게 어렵다. 의도치 않게 잘못된 계약을 하는 경우가 있기 때문이다. 각 리그마다 규약을 숙지하는 건 기본이다. 그런 걸 잘 알고 있어야 선수들이 질문을 할 때도 믿음을 가질 수 있다. 가장 중요한 건 '믿음'이다. '믿음'이라는 것은 실력에서 나오는 거다. 선수들에 대한 특징도 잘 알아야 하며 인내심도 필요하다. 에이전트가 선수를 육성하는 곳은 아니다. 선수를 보호하고 더 좋은 계약을 이끌어내는 입장이다.

Q 마지막으로 에이전트로서 필요한 건 무엇인가?

A 무조건 영어는 필수적이다. e스포츠를 기준으로 많은 나라와 커뮤니케이션을 해야 한다. 특히 e스포츠에서 필요한 건 영어라고 생각한다. 인터넷으로 직접 구매를 할 때도 필요한 거다. 에이전트로서 필요한 게 뭔지 물어볼 수 있는데 첫 번째로 영어라고 말하고 싶다.

(2) 뉴욕 엑셀시어즈 – 김요한 GM

김요한 뉴욕 엑셀시어 GM
"게임단이 자립하는 제도가 필요하다"

오버워치 리그 뉴욕 엑셀시어 김요한 단장은 보기 드문 선수 출신 단장이다. 해외 쪽은 사례가 있지만 한국서는 젠지 e스포츠 단장인 이지훈 상무를 제외하곤 찾기 힘들다. 김요한 단장은 퀘이크3 선수로 시작해 팀 MVP의 오버워치 팀인 MVP 스페이스(해체)에서 선수로 활동했다. 이후 서울 다이너스티에서 1년간 코치로 활동했던 그는 2018년 10월부터 뉴욕 엑셀시어의 단장으로 활동 중이다. 이번 인터뷰를 통해 오버워치 리그에서 단장(GM)의 역할과 해외 팀에서의 바라본 e스포츠 업계의 발전 방향성을 이야기해 보고자 한다.

Q 자기소개를 부탁한다.

A 안녕하세요. 저는 오버워치 리그 뉴욕 엑셀시어 단장을 맡고 있는 김요한이라고 합니다.

Q e스포츠에 들어온 계기는 무엇인가?

A 2000년 초반에 퀘이크3라는 게임을 하면서 e스포츠에 많은 관심을 가졌다. 그렇지만 퀘이크3로 국내에서는 후원사를 찾거나 프로 선수로서 활동하기 힘들었다. 선수 생활을 관두고 일반적인 생활을 하다가 2016년 오버워치 출시 이후 세미 프로 선수로 활동했다. 나이가 있어서 코치로 전향하겠다고 한 뒤 팀 MVP에 들어가면서 본격적으로 e스포츠와 연을 맺게 됐다.

Q 선수 출신으로 게임단 단장이 된 사례는 이지훈 단장(젠지e스포츠)가 사실상 유일하다. 어떻게 뉴욕 엑셀시어로부터 단장 제안을 받게 됐는가?

A 원래 무역 쪽 일을 하다가 e스포츠 일을 너무 하고 싶었다. 기회가 돼서 들어온 경우다. 선수로서 오래 뛰겠다는 거보다 게임단 운영에 관심이 많았다. 팀 MVP에 들어간 것도 비기업 팀으로서 가장 큰 규모를 자랑한 팀 MVP가 어떻게 게임단을 운영하는지 궁금했다. 그런 생각을 갖고 코치로 활동하다가 운영 쪽에 제의가 왔을 때 하고 싶었던 분야라서 고민하지 않고 자리를 옮길 수 있었다.

Q 뉴욕 엑셀시어 단장 제안을 받았을 때 게임단 주로부터 어떤 주문을 받았나?

A 처음에 단장 일을 제안받은 건 아니며 인터뷰를 해보라는 것이었다. 최

근 전통이 있는 게임단이 생기기 시작했지만 대부분 팀의 회사가 스타트업이며 다른 산업에서 넘어온 경우가 많다. 스포츠 구단과 e스포츠 게임단의 운영이 다르기에 어떤 철학을 갖고 운영해야 하는지, 어떻게 선수들을 다뤄야 하는지 잘 몰랐다. 기존 전통 스포츠의 경우에는 선수들이 학창 시절부터 프로 선수에 맞는 사회화를 배우기 시작한다. 어떻게 훈련을 해야 하며 관리는 어떻게 해야 하는지 잘 알고 있지만 e스포츠 선수는 아직까지 그런 게 없다. 말 그대로 재능만 있는 순수한 상태이기 때문에 개인적으로 어떤 철학을 갖고 팀을 운영할 것이며, 장기적으로는 체계화를 만들 것이기에 좋은 e스포츠 회사가 될 수 있다고 설득했다. 덕분에 다른 지원자를 제치고 단장이 될 수 있었다. 실제적으로도 그런 이야기를 많이 들었다.

Q 해외에서는 단장(General Manager)이라는 단어가 포괄적으로 사용한다고 들었다. 오버워치 리그에서 단장의 역할은 무엇인가?

A 단장의 역할은 어떤 권한이 주어지느냐에 따라 다르다. 저도 처음에는 권한이 그렇게 많지 않았다. 제가 성과와 일 처리하는 걸 보여 주면서 더 많은 권한을 얻을 수 있었다. 사실 회사가 팀의 예산 같은 건 당연히 공개하지만 전체적으로 투자가 어느 정도 들어왔는지 등 민감한 부분은 공개하지 않는다. 제가 많은 권한을 얻어 나갈수록 회사에서도 저한테 조금씩 알려주기 시작했다. 오버워치 리그에서 권한이 적은 단장의 경우에는 선수들을 영입할 때 협상만 한 뒤 감독의 의견을 전달하는 소위 에이전트의 역할을 할 때가 많다. 저 같은 경우에는 사실상 모든 걸 관리한다. 회사가 설정하는 예산을 제외한 나머지 부분을 제가 관여하고 있다고 보면 된다.

Q 감독의 의견도 중요하지만 선수 선발을 하는데 있어 단장의 생각이 무엇보다 필수적이다. 선수를 선발할 때 고려하는 건 무엇인가?

A 가장 중요하지만 첫 번째로 고려하는 건 예산이다. 오버워치 리그 시즌1과 시즌2에서는 게임단들이 돈을 많이 썼다. 오버워치 리그 규모가 더 커질 거라는 기대감도 있었다. 오버워치 리그 시즌3 이후에는 게임단들이 돈을 막 쓰는 게 힘들어졌다. 더불어 오버워치 리그 시즌1, 시즌2를 통해 선수들과 선수를 공급하는 컨텐더스 팀의 눈도 높아졌다. 몇 개 팀 정도는 높아진 눈높이를 맞춰주는데 현실적으로 생각한 팀의 경우에는 제대로 된 돈을 지급하기 어렵다. 제한된 금액 내에서 로스터를 구성해야 하기에 당연히 예산에 맞는 선수를 뽑는 게 중요하다.

이건 우리 팀의 특징인데 뉴욕이라는 시장이 빅 마켓이고 e스포츠는 성장하는 산업이다. 지난 해 저희 팀이 홈 스탠드 경기를 했는데 현장에 온 팬이 어마어마했다. 뉴욕 쪽에서 팬덤을 강하게 만든다면 세계화는 신경 쓰지 않아도 될 거 같았다. 그래서 영입할 때 인기 있고 개성이 강한 선수, 팬들에게 사랑받는 선수를 고려하는 것도 있다. 두 가지는 제 기준보다 외적인 기준이다. 전통 스포츠에서는 '맘바 멘탈리티(Mamba Mentality)'라고 해서 고(故) 코비 브라이언트가 밥만 먹고 연습하는 체계가 있지만, 북미 e스포츠 선수들은 좋게 말하면 자율적이며 나쁘게 말하면 연습의 강도라든지, 팀적으로 녹아드는 부분이 적다. 한국 선수뿐만 아니라 외국 선수도 기용하고 싶지만 많이 사용하기 힘들다. 회사에서도 한국 선수들을 적극적으로 쓰는 이유는 문화 때문이다. 오버워치 리그 시즌1부터 시즌3까지 저희 팀도 스타 플레이어가 많았다. 그 선수들이 노력을 안 했다는 건 아니다. 돈을 많이 벌고 경력이 쌓이다 보면 헝그리한 부분이 사라지기 마련이다. 시즌을 앞두고 회사와도 이야기했지만 개성보다는 헝그리한 선수들을 영입해서 게임 내적인 부분에서 열심히 하는 모습을 만들고자 했다.

Q 북미 e스포츠는 전통 스포츠 자본이 들어오면서 다른 지역과 달리 많이 바뀌고 있다고 한다. 북미 e스포츠 상황에 대해 설명해 줄 수 있는가?

A 개인적으로 그 부분에 대해 굉장히 기대를 많이 했다. 전통 스포츠의 노하우가 있어서 달라질 거로 생각했는데 제가 느낀 건 e스포츠가 상업적으로 리그를 만들거나 특정 게임이 나올 때 e스포츠가 가진 가장 큰 문제점은 특정 종목을 장기적으로 보는 게 힘들다는 거다. 예를 들어 아카데미 팀을 만들어서 어린 선수를 키우는 게 불가능하다. 새로운 거대 자본이 들어온다고 해도 그 사람들이 할 수 있는 건 뿌리부터 강하게 키우는 게 아니라 기존에 잘했던 팀, 세미 프로 쪽에서 강했던 팀을 그대로 영입하는 경우가 많기에 구단이 갖고 있는 노하우를 녹여내기가 불가능하다. 이유는 팀을 영입할 때 선수뿐만 아니라 감독과 코치들도 같이 데리고 오기 때문이다. 프로에 대한 풀이 넓고 밑에서 치고 올라오는 선수가 많다면 실력이 떨어지는 선수 교체가 쉽지만 스타 플레이어이며 다른 팀에서 많은 돈을 주고 데리고 왔다면 그들의 비위를 맞춰 주는 경우가 많다. 하지만 클라우드 나인(C9)의 경우 기존 스포츠의 노하우를 갖고 있는 게 아니라 e스포츠에서 관리 노하우가 있다. 그런 팀들은 선수들을 컨트롤하기가 쉽다. 어디에 돈을 써야 하는지도 정확하게 알고 있지만 거대 자본을 안고 들어오는 팀은 그런 걸 잘 모른다.

❓ 한국 e스포츠 시장과 해외 e스포츠 시장의 차이점은?

🅰 e스포츠보다 게임 시장의 특성이라고 생각하는데 한국은 PC방 문화가 있다 보니 어린 친구들이 자기만의 게임을 하는 게 힘들다. 친구들과 같이 갔는데 나만 다른 게임을 할 수 없지 않나. 그러다 보니 특정 게임에 몰리는 경우가 많다. 다양한 마니아가 존재하는 북미와 달리 한두 개 게임이 독점하는 문제들 때문에 바운더리(boundary)에 들지 못할 경우 선수 수급 자체가 힘들어지는 문제가 생긴다.

저도 많이 놀랐던 게 팝업 스토어를 하거나 큰 이벤트를 할 경우 행사장에 여러 가지 게임을 할 수 있도록 꾸며 놓는다. PC, 플레이 스테이션 등을 갖다 놓으면 게임을 하기 위해 몇십 명이 줄을 서곤 한다. 개인적으로 오버워치를 좋아해서 온 사람인데 정말 여러 가지 게임을 즐기며 시장 마켓 자체가 다양하게 형성되어 있어서 북미에서는 팀을 운영만 잘하면 성공할 수 있겠다고 생각했다.

반면 한국에서는 그런 게 사실상 불가능하다. 개인적으로 발로란트도 꽤 성공한 게임이라고 생각하며 PC방 순위도 나쁘지 않다. 현재 투자받은 팀을 제외하고 한국에서 발로란트로 게임단을 운영하는 곳은 비전 스트라이커즈밖에 없다. 북미의 경우 가장 많이 받는 선수의 연봉이 30만 달러(한화 약 3억 5천만 원)를 넘었고 이적료도 100만 달러(한화 약 11억 7천만 원)를 돌파했다. 반면 한국은 시장 자체가 비교가 안 된다. 그렇다고 해서 북미가 수익 모델이 있는 것도 아니다. 기대감만으로도 후원사들이 투자를 해준다. 가장 큰 차이는 선수를 바라보는 시선이다. 한국은 리그 오브 레전드(LoL)를 제외하면 프로 게임단의 큰 수익원은 선수를 파는 것이다. 그렇지만 북미 팀들이 목표로 하는 건 기업공개(IPO, Initial Public Offering)다. 선수들을 파는 게 절대 목적이 아닌 게임단의 가치를 높이는 것이다. 한국은 리그 오브 레전드를 제외하곤 사실상 불가능하다.

🔲 해외 게임단에 취업하고 싶은 사람이 있다면 어떤 게 필요한가?

🅰 선수의 경우 어느 정도 실력만 보여 주면 해외 팀들에게 알려진다. 팀들이 알아서 선수를 찾는다. 특히 '트위터'를 활용하고 북미 인터넷 커뮤니티 플랫폼 '레딧'에 거론되는 데 중요하다. 북미 경영진들이 '레딧' 같은 걸 정말 많이 본다. '레딧' 같은 곳에서 이름이 오르기 시작하면 진출하기 수월하다. 선수들은 언어적인 부분을 고민할 수 있지만 게임 안에서 사용하는 단어는 길지 않다. 얼마든지 의사소통이 가능하다.

코칭스태프는 많이 다르다. 해외 팀으로 진출하는 경우는 영어를 엄청 잘해서 해당 문화권에서 생활해 본 경우거나, 선수와 함께 가는 경우도 있다. 그게 아니라면 해외로 진출하는 게 힘들다. 게임단이 다른 문화와 언어를 가진 사람을 고용하는 건 뭔가 원하는 바가 있어서다. 개인적으로 해외 쪽에서 제안을 받았다고 하는 선수, 코칭스태프의 이야기를 들으면 무조건 가보라고 한다. 처음 가서 성공한 경우는 한 번도 못 봤다. 오버워치의 경우 컨텐더스 팀으로 가는 경우가 많은데 환경이 좋지 않다. 통역과 매니저도 없다. 90%는 실패하지만 그 차이를 알고 다음에는 어떻게 해야 할지 알기 때문에 경영진과 인터뷰를 했을 때 설득이 가능해진다. 일반인의 경우 공고가 나오는데 되게 힘들다. 영어를 잘하며 한국인이라는 장점을 살리는 게 중요하다.

🔲 본인이 생각하는 e스포츠의 발전 방향은 뭐라고 생각하는가?

🅰 e스포츠가 가진 약점은 특정 종목의 불안전성이다. 지금 성공하고 있더라도 나중에 어떻게 될지 아무도 모른다. 내가 잘하고 못하고는 상관이 없다. 예를 들어 히어로즈 오브 더 스톰의 경우에는 e스포츠 쪽으로 그렇게 됐을지 아무도 예상하지 못했지 않았나. 한 종목만 갖고 이야기하는 건 불가능하

다. 수익 모델을 내는 것도 중요한데 오버워치의 경우 오버워치2를 내는 이유는 수익 모델을 내기 위함이다. 플랫폼을 개선해서 게임단들에게 수익 모델을 좋게 하는 것이다.

게임단 입장에서 가장 좋은 건 여러 가지 게임을 운영하면서 A 종목에서의 문제점을 B 종목에서 해결하는 방법밖에 없다. 예를 들어 A 종목이 망한다면 이쪽 인력을 다른 쪽으로 재배치를 시키면 된다. 순환적인 게 일어나야 장기적으로 전문적인 인력이 들어올 수 있다. 최근 단장을 구하기 힘든데 특정 종목이 최소 5년에서 10년 이상은 가야 경력을 쌓기가 좋다. 그런 안전망이 갖춰져야 e스포츠 발전도 자연스럽게 이뤄진다고 생각한다. 클라우드 나인 등 북미 게임단 모델, 한국에는 젠지e스포츠와 T1이 대표적인데 장기적으로 게임단은 이렇게 가야 한다. 단일 종목만 보유한 팀의 경우에는 장기적으로 힘들 수밖에 없다.

수익 모델 중에는 배팅이 있는데 이건 민감한 부분이며 디지털 자산 NFT (Non-Fungible Token)의 경우도 쉽지 않다. 현재 e스포츠는 게임 회사가 모든 권한을 갖고 있기에 필요한 부분은 오픈해 주는 등 게임단들이 자립할 수 있는 제도가 만들어져야 한다. e스포츠에서 한국이 앞서 나간 문화는 e스포츠의 발전에 많은 영향을 줄 거로 생각한다. 좋은 선수를 만들 수 있으며 게임이 더 부흥할 수 있다. e스포츠에 종사하는 사람의 입장에서 이야기하자면 대부분 계약직이기 때문에 언제든지 나갈 수밖에 없다. 이들을 보호하는 것 중에 하나가 아카데미 문화인 거 같다. 북미서는 e스포츠 특별 전형으로 대학을 가는 경우가 많다. e스포츠 파이를 늘려야 한다. 종목은 망하더라도 e스포츠는 계속 성장할 거다. 학문적으로 기틀을 세워서 그쪽에서도 튼튼해지는 게 중요하다. 선순환적으로 일자리를 창출해야 한다. 게임의 성공보다 e스포츠 전반 종사자들이 안전하게 일을 하고 좋은 자원들이 들어오는 게 중요하다.

(3) 방송인 – 성승헌 캐스터

성승헌 캐스터가 말하는
'e스포츠 캐스터'의 길

    현재 진행 중인 한국 e스포츠에서 없어서는 안 될 사람 중의 한 명은
성승헌 캐스터다. 2002년 게임 방송과 인연을 맺은 성승헌 캐스터는 온
게임넷(이하 OGN으로 바뀌었다), 스포티비 게임즈 등에서 스타크래프트,
리그 오브 레전드(LoL), 피파 온라인, 카트라이더 등 많은 종목을 중계했다.

방송 내에서 재미있는 멘트를 해서 '애드리브'에서는 최강으로 평가 받는 그는 2008년부터는 격투기 대회인 세계 3대 이종 종합격투기 대회 중의 하나인 UFC(Ultimate Fighting Championship)까지 영역을 넓혔다.

최근에는 유튜브 채널까지 오픈하면서 바쁜 나날을 보내고 있는 성 승헌 캐스터는 다른 사람을 따라가는 거보다 자신이 가진 기본을 바탕 으로 재미있는 요소를 방송에 넣으려고 했다고 했다. 지금 돌이켜 봤 을 때 당시 자신의 행동에 대해 후회는 없다고 설명했다. 성승헌 캐스 터와의 인터뷰를 통해 e스포츠 업계에서 아나운서가 어떤 일을 하는 지 그리고 어떤 직업적 소명으로 활동하는지 전달하고자 한다.

Q 최근에 어떻게 지내고 있는가?

A 안녕하세요. 성승헌 캐스터입니다. 갑자기 카트라이더와 카트라이더 러 시 플러스(카러플)가 리그로 흥하게 되면서 중계를 열심히 하고 있다. 피파 온라인4로 하는 EACC(EA 챔피언스컵) 어텀도 막바지를 향해 달려가고 있 다. (참고로 리브 샌드박스가 우승을 차지했다.) 와일드리프트 챔피언스 코리아 (WCK)도 맡게 돼서 하루도 쉬지 못하고 재미있게 지내고 있다. 유튜브 채널 인 '성캐가 중계'도 잊지 말아 달라. (웃음)

Q 방송 일은 어떻게 시작하게 된 건가?

A 처음에 경영학도로 공부하러 미국에 갔다가 교양 수업으로 방송 관련 내용을 들었다. 너무 재미있었다. 처음에 생각한 건 라디오 PD였다. 너무 매 력 있었다. 그러다가 한국에 들어와서 현실화시켜 보려고 아리랑TV에서 조

연출 생활을 했다. 사실상 인턴이었다. 그러다가 ITV(현 경인방송)에서 방송 기회를 얻게 돼서 지금까지 하고 있다. 그때가 2002년이었다.

🎤 아나운서 준비하는 분을 보면 시험을 보기 위해 지방을 돌아다녔다는 이야기를 자주 들었다.

🅰 맞다. 저도 그랬다. 그래서 안동 MBC에서 일했다. 1~2년 정도 한 뒤 OGN에서 제안을 받았고 갈림길에서 그쪽 일을 선택했다. 당시에는 TV 플랫폼이 강했으며 게임방송이 대중적으로 알려지지 않을 때였다.

🎤 아나운서 일을 하다가 게임방송에서 제안을 받았을 때 거부감이 있었나?

🅰 저는 전혀 없었다. 기본적으로 게임을 정말 좋아했다. 원래 중학교 때 꿈 중의 하나가 게임 스토리를 만드는 것이었다. 이야기를 만드는 걸 좋아했고 그런 부분에 관심이 많았다. 그러면서 게임할 때도 스토리가 탄탄한 걸 좋아했다. 저는 '파이널판타지'와 '드래곤퀘스트'를 1부터 했다. 우리 때는 누구도 싫어할 수 없는 '삼국지', '슬램덩크'와 같이 자란 세대라서 게임방송에 대한 이질감이나 거부감은 없었다. '신기하네', '신선하다'라는 느낌은 갖고 있었다.

🎤 게임방송에서 자리 잡기 위해 어떤 노력을 했는가?

🅰 다른 선배들도 마찬가지지만 방송 중계에는 각자의 영역이 있다. 게임방송을 떠올리면 생각되는 이미지가 '활기차다'이지만 그걸 표현하는 방법은 사람마다 달랐다. 그 부분을 제가 어떻게 표현해야 할지에 대한 고민은 있었다. 그때 많은 분이 접목하려고 시도한 부분이지만 제가 가진 강점이 뭘까라는 생각에서 재미있는 내용을 섞으려고 했다. 당시에는 어떤 종목이든 방송

에서 재미를 섞는 것에 대해 조심스러워했다. 처음에는 저에 대한 대중의 반응은 '너무 딱딱하다', '너무 건조하다', '너무 스포츠 캐스터처럼 한다'였다. 저는 방송에 대한 기본이 있다는 걸 보여 준 다음에 내가 가진 장점을 추가하려고 했다. 제가 애초에 ITV에 가게 된 것도 인터뷰를 독특하게 해서였다. 대학교 때도 춤 동아리를 했고 학교 축제 때는 사회를 봤다. 군대는 군악대를 갔는데 음악회 사회를 자주 봤다. 기본적으로 그런 부분에 대해 즐거움을 느낀 사람이었다. 처음부터 재미있는 걸 보여 주기 싫어서 기본에 충실했다. 초창기 저를 기억하는 분들은 '처음에는 딱딱했는데…'라고 말하는데 나름대로 저의 전략이었다. (웃음)

🎤 방송에서 재미를 더할 수 있었던 건 온상민 해설위원을 만나게 되면서인가?

🅰 계기는 됐다. '재미'를 더해야겠다는 건 시점을 잡고 있었다. 온상민 해설위원과 프로그램을 같이 진행했을 때 과감하게 하는 멘트를 재미있게 수습하려고 했다. 그 부분을 좋게 보는 대중들이 늘면서 '아, 이런 방향으로 가도 괜찮겠구나!'라고 확신하게 됐다.

🎤 아나운서라는 이미지는 딱딱하고 무표정이다. 2000년 중반에는 보수적인 사람이 많아서 충고도 있었을 거 같은데 본인의 캐릭터를 만들어야 한다는 부담감이 있었을 거 같다.

🅰 사실 그렇게 큰 그림은 그리지 못했다. (웃음) 선배들이 너무 자신의 영역에서 잘하고 있다 보니 똑같이 쫓아가면 '제2의 누구'가 될 수밖에 없었다. 그렇게 되고 싶지 않았다. 좀 모자라더라도 내 컬러를 보여 주겠다는 생각이

강했다. 당시 아나운서가 가진 이미지가 저와 어울리지 않는다고 생각해서 길을 틀게 됐다. 지금 돌이켜 보면 잘 틀었다는 생각을 자주 한다. 그렇다고 해서 저도 딱딱한 업무를 안 한 건 아니다. 경제, 의학 프로그램도 했다. 그중 의학 프로그램은 7년 정도 했다. 초창기이며 정확하게 어떻게 해야 할지 확신하기 전이었다.

Q 예전에는 많은 아나운서가 경쟁하는 시절이 있었다. 당시 최고의 자리에 올라가야겠다고 생각한 적은 없었는지 궁금하다.

A 아예 없었다면 거짓말일 것이다. '나도 최고의 자리에 오르고 싶다', '저 프로그램을 하고 싶다'라는 생각은 했지만, 당시에 잘 나가던 특정 프로그램을 잡아야겠다는 생각을 한 적은 없다. 방송 자체에 재미를 느끼는 상황이었으며 무슨 종목을 했기 때문에 좀 더 재미있는 건 아니었다. 당시 했던 피파 온라인, 카트라이더 리그를 아직 하고 있을 정도다. 다양한 종목을 한 게 저한테 도움이 됐으며 즐거움도 줬다. 서든어택을 오랜 시간 해서 그런지 사람들이 저를 두고 'FPS(1인칭 슈팅 게임) 전문 캐스터'로 생각할 때도 많다. 개인적으로는 많은 종목의 흥망성쇠를 같이 했다고 생각한다. 그런 와중에서도 리그들이 무너지지 않았고, 리그에 대한 즐거움을 아직도 팬들에게 느낄 수 있게 한 것은 가장 뿌듯하고 기분 좋은 일 중의 하나다.

Q 다른 아나운서와 달리 본인은 '성캐(성승헌 캐스터의 준말)'라는 확실한 캐릭터를 갖고 있는 건 본인에게 큰 장점이 될 거 같다.

A 원래는 관계자들끼리 장난스럽게 부르던 말이었다. 예전 서든어택 PD님이 처음에는 우리에게 존댓말을 했는데 나중에는 친해지다 보니 간단하게

'성캐'라고 불렸다. 성씨인데 '캐'가 붙다 보니 어감도 웃겼다. 다른 이유가 없었다. 그 어감 때문에 다른 사람도 그렇게 불렀는데 여기까지 오게 됐다. (웃음) 애칭 같고 좋다. 입에도 잘 붙는다.

Q 게임방송을 하다가 나중에는 영역을 'UFC(Ultimate Fighting Championship)'로 영역을 넓혔다. 계기가 있었나?

A 당시 OGN이 CJ E&M 채널로 편입됐을 때다. 격투기 대회인 'TNA(Total Nonstop Action)' 중계가 OGN을 통해 확정됐다. 누가 할 수 있는지 논의하다가 제가 천창욱 해설위원과 같이하게 됐다. 라이브가 아니다 보니 'TNA' 경기의 모든 기술과 순서를 다 외워갔다. 그때 제작했던 PD님과 천 해설위원이 저의 모습을 좋게 봤다. 당시 격투기 단체에는 '프라이드'와 'UFC'가 있었다. '프라이드'가 파워풀했고 'UFC'는 상대적으로 인기가 없었다. 'UFC'가 성공적으로 이륙했을 때 했던 리얼리티 프로그램이 TUF(The Ultimate Fighter)였다. 그 프로그램이 시즌3까지 갔을 때 반응이 폭발적이었고 'UFC'가 '프라이드'를 넘어서게 됐다. 당시 TUF를 담당했던 PD님이 TNA를 제작한 분이었다. TUF는 리드하는 MC가 없었는데 한국에서는 MC를 넣자고 했다. 자막으로 하다 보니 비는 멘트가 많다고 했다. 제가 MC로 합류해서 하는데 천 해설위원님이 좋은 이야기를 해줬고 내부에서도 제 목소리가 격투기와 잘 맞는다고 했다. TUF의 피날레가 경기 중계였는데 김남훈 해설위원과 같이했고 그게 반응이 좋았다. 자연스럽게 라이브 투입 이야기가 나와서 UFC로 가게 됐다. 저는 정말 재미있었다. 격투기에 대해 관심도 많아서 행복하게 중계했다. 현재 가진 중계의 리듬을 완성했으며 확신을 가진 계기가 됐다.

Q 이후 LCK도 중계를 하게 됐다. 방송국이 아닌 게임을 제작한 라이엇 게임즈가 직접 중계를 시작했는데 개인적으로 어떻게 바라봤는가?

A 게임사가 방송을 제작하는데 사이즈가 다른, 굉장히 독특한 시스템이었다. 기존에 가진 방송에 대한 개념이 달라진 계기가 됐다. '이런 길이 있다'라는 것도 알게 됐다. 다른 게임사들도 비슷하게 느꼈을 거로 생각한다.

2

e스포츠와 함께한 프로 선수들

cross e-sports

안수민 기자 (데일리 e스포츠)

(1) LOL

LoL e스포츠의 영원한 스타,
'스코어' 고동빈이 말하는 '성실함'

혹시 '스코어' 고동빈에 대해서 아시나요? 2011년 말, 고동빈은 리그 오브 레전드가 한국에 상륙하기 전에 이미 '스타테일'이라는 국내 최초 프로팀에서 선수 생활을 시작했습니다. 하지만 그는 이미 다른 AOS 장르인 워크래프트3의 '카오스'에서 뛰어난 실력을 소유한 유저로 유명했습니다.

그리고 나서 2012년 10월, 고동빈은 스타테일 해체 후 kt 롤스터로 이적했고 약 8년간 활동했죠. 그는 kt에서 초반 원거리 딜러로 활동하다 정글러로 포지션을 변경했지만 두 포지션에서 모두 정상급 경기력을 선보이면서 말 그대로 '미친 재능'을 맘껏 뽐냈습니다.

그럼에도 불구하고 고동빈은 국내 최고 대회인 리그 오브 레전드 챔피언스 코리아(LCK) 우승을 그렇게 많이 거두지는 못했습니다. 2013년 실내 무도 아시안 게임 금메달, IEM 시즌8 월드 챔피언십 우승, 2017 케스파컵을 우승했지만 유독 LCK와는 연이 없었죠.

그러나 2018년, 고동빈은 드디어 생애 첫 LCK 우승을 달성합니다. 당시 국내 2부 리그인 챌린저스를 뚫자마자 LCK 결승에 오른 돌풍의 신예 그리핀을 3:2로 꺾으면서 우승을 차지했고 당시 고동빈의 든든한 동료로 '스맵' 송경호, '유칼' 손우현, '데프트' 김혁규, '마타' 조세형이 있었습니다. 멤버 모두 국내에서 내로라하는 실력자들이었지만 고동빈은 자신의 기량을 여실히 발휘하면서 당당하게 포스트시즌 MVP까지 따냈습니다.

이후 1년이 지나고 나서 고동빈은 kt가 준비한 은퇴식을 통해 약 8년간의 선수 생활에 마침표를 찍으면서 "군 전역 후 어떤 모습이든 꼭 다시 리그 오브 레전드 e스포츠로 돌아오겠다."라는 말을 남기면서 군대로 떠났습니다.

현재 고동빈은 약 2년간의 군 생활을 마치고 자신의 말을 지키기 위해, 그리고 팬들이 자신에게 보내 준 사랑에 보답하기 위해 다시 돌아왔습니다. 프로게이머 대선배, 리그 오브 레전드의 '레전드'를 담당한 고동빈은 이번 인터뷰를 통해 자신의 삶과 경험을 전하면서 프로게이머를 지망하는 꿈나무들에게 보내는 조언도 아끼지 않았습니다. 고동빈이 가장 중요하게 생각하는 프로게이머의 자질은 무엇일까요?

 군대 전역하고 최근 어떻게 지내는지.

 20대 때는 오래 쉬었던 적이 없는데 최근 전역해 좋은 휴식 시간을 갖고

있다. 게임단 생활을 하다가 더 이상 안 하니까 심적으로도 안정된 상태다.

아무래도 치열했던 삶에서 한 발자국 벗어나니까 안정된 것 같기도 하고.

 프로게이머를 하기 위해서 어떤 준비를 했었는지.

 '리그 오브 레전드'와 비슷한 게임인 '카오스'라는 게임을 예전에 했는

데 조금 많이 잘해서 스카우트된 케이스다. 스카우트되자마자 리그 오브 레

전드를 정말 열심히 했던 것 같다. 당시 '비타민' 이형준과 현재 담원 기아의

'꼬마' 김정균 감독, '류' 류상욱, '마파' 원상연 등과 같이 시작했다.

Q 어렸을 때부터 게임에 재능이 많았는지.

A 어렸을 때부터 '건즈'나 '겟앰프드' 했을 때 '나 좀 잘하는데'라는 생각을 갖게 되면서 스스로 재능이 있다고 생각했다. '카오스'는 중학교 때부터 5, 6년 정도 한 거 같다. 이후에 스카우트돼서 리그 오브 레전드로 넘어갔다.

Q 프로게이머가 되기 위해 필요한 자질이 무엇이라고 생각하는지.

A 장기적인 부분과 단기적인 부분으로 나뉜다. 일단 둘 다 재능은 필수다. 장기적으로 보면 성실함이 가장 중요하다. 모든 부분에서 성실함이 필요하지만 꾸준히 자신을 발전시켜야 하는 노력이 필요하다고 생각한다. 물론 경쟁심도 있어야 한다.

그렇다고 성실함을 단순히 많은 연습량이라고 단정 짓기에는 힘들다. 연습량도 중요하지만 경기를 어떻게 이기고 싶은지 생각하는 것이 많이 필요하다고 생각한다. 리그 오브 레전드는 팀 전이다 보니까 진짜 악착같이 이기고 싶어 하는 선수들은 단순히 게임을 하는 것 외에도 와드나 디테일한 부분을 평소 일상생활을 하면서도 많은 생각을 한다.

Q 개인적으로 고동빈 선수도 정말 성공한 케이스라고 생각한다. 우승도 했고.

A 운이 좋게도 주변에 성실하게 하던 친구들이 많아 다행이었다. 그 친구들과 대화하면서 나도 같이 성장하지 않았나 싶다.

🎮 선수 생활을 하면서 다른 성공한 선수들도 많이 만났다.

그들은 모두 어땠나.

🅰 성공하는 친구들은 확실히 디테일한 것도 많이 신경 쓴다. 깊게 파고들면 파고들수록 디테일하게 생각하는 친구들이 '롱런'하고 성공하는 것 같다. 그냥 아무도 모르게 거쳐간 선수도 많다.

🎮 프로게이머 꿈나무들에게 전해 주고 싶은 이야기가 있는지.

🅰 다른 스포츠도 마찬가지지만 프로게이머의 좋은 모습만 보고 다짜고짜 프로게이머가 되겠다는 안일한 마음으로 시작하지 않았으면 한다. 정말 피나는 노력이 필요하다. 또 남들이 생각하는 것처럼 행복한 직업이 아닐 수도 있다. 보통 이름 없이 잊히는 프로게이머도 정말 많기 때문에 너무 쉽게 보고 도전하지 않았으면 좋겠다.

🎮 보통 선수 생활을 하면서 연습은 얼마나 했나.

🅰 리그 오브 레전드 프로게이머로만 놓고 봤을 때, 스케줄이 팀마다 모두 다르겠지만 보통 휴일이 아닌 경우에는 아침에 일어나고 밤 또는 새벽에 잘 때까지 한다고 생각하면 편할 거 같다. 중간에 휴식 시간이 있지만(웃음). 보통 밤에 스크림이 끝나고 난 뒤에 하는 솔로 랭크 연습은 개인이 선택해서 하는 경우가 많다.

🎮 프로게이머를 하면서 느낀 고충이 무엇인지.

🅰 사실 제일 큰 고충이라고 하면 경기에서 졌을 때다. 경기에서 졌을 때 그 기분은 말로 무엇이라고 표현해야 할지 모르겠다. 이길 때와 질 때의 분위기

차이가 엄청 심하다. 나는 많이 이긴 편이지만 패배한다면 그날은 팀 분위기가 전체적으로 정말 안 좋다.

Q **그렇다면 프로게이머의 장점은 무엇이라고 생각하나.**

A 이겼을 때의 그 기쁨은 아마 일반인이 쉽게 겪지 못할 정도의 기분이다. 승리했을 때의 짜릿함은 정말 뭔가 다르다. 우승했을 때는 그것보다 몇 배 이상이다. 또 평소에 힘들었던 생활이 경기 승리로 보답받는 기분이다. 지금은 연봉 시장도 커져서 언봉이 또 하나의 장점이라고 볼 수 있겠다. 실력이 좋거나 잘했을 때의 리턴도 확실히 크고 아마 리그 오브 레전드 초창기 선수들의 최고 연봉과 지금 최저 연봉이 같을 거다.

🔵 본인은 초창기부터 리그 오브 레전드의 e스포츠를 이끈 사람이라고 볼 수 있다. 앞으로의 전망은 어떻게 보는지.

🅰 리그 오브 레전드로만 본다면 규모 자체가 줄어들지는 않을 것 같다. 해외에서는 오히려 계속 커지는 추세라고 한다. 개인적으로 최소 5년은 현 상태를 유지하면서 더 커질 것 같다.

🔵 프로게이머 꿈나무들에게 대해 한마디 부탁한다.

🅰 프로게이머가 되고 싶다면 실력만 있으면 안 된다. 많은 부분이 필요하지만 인성은 당연히 갖춰야 한다고 생각한다. 그리고 애매한 실력으로 덤비면 안 되고 무조건 재능은 있어야 한다. e스포츠판이 생각보다 살아남기 힘들다.

🔵 인터뷰도 응해 주고 좋은 답변 많이 해줘서 감사하다. 마지막으로 하고 싶은 말이 있다면.

🅰 어렸을 때부터 게임을 좋아했던 한 유저로서 앞으로도 e스포츠라는 문화가 전 세계적으로 더 발전되고 커졌으면 좋겠다.

(2) STARCRAFT

호수 위에 백조 - 전태규 인터뷰

    전태규는 e스포츠 초창기 큰 유행을 끌었던 스타크래프트: 브루드 워 전 프로게이머이자 현재 45만 명 이상의 구독자를 보유한 '따규햅 번'과 '따규햅번 오락실' 유튜브 채널을 운영하면서 개인 방송도 진행하는 온라인 콘텐츠 창작자다. 1999년 PKO SBS 왕중왕전을 통해 데뷔한 전태규는 뛰어난 실력을 보유함과 동시에 스타성을 갖고 있어 많은 팀 으로부터 러브콜을 받았다.

    한때 '4대 토스'라고 불릴 정도로 프로토스의 선두 주자 중 한 명으로 달렸던 전태규는 양대 개인 리그(온게임넷, MBC 게임) 4강 이상을 모두 경험할 정도로 실력자였으며 프로토스 최초 '올킬러' 등의 타이틀을 얻으면서 전성기를 누렸다. 또한, 재치 있는 세리머니를 보여 주는 것으로도 유명했다. 이후 2009년 1월, 전태규는 10년간의 선수 생활에 마침표를 찍으면서 코치로 전향했고 2년간 활동했다.

    현재 1인 콘텐츠 제작자로 활동하고 있는 전태규는 프로게이머와 콘텐츠 크리에이터의 선구자라고 할 수 있다. 임요환, 홍진호, 박정석 등과 함께 e스포츠를 이끌었고 군 전역 후 2013년, 지금과는 다르게 인식이 좋지 않았던 개인 방송의 길을 걷게 되면서 1인 콘텐츠 제작자 인식 개선에도 일조했다.

전태규는 e스포츠와 프로게이머를 보고 '호수 위에 백조'라고 표현한다. 겉으로 봤을 때 굉장히 우아하고 화려해 보이지만 수면 밑에서는 누구보다 열심히 물장구를 치고 노력한다고. e스포츠 태동기 때부터 지금까지 왕성하게 활동하는 전태규가 생각하는 e스포츠와 프로게이머에 도전하는 꿈나무에게 전하고 싶은 말은 무엇일까. 인터뷰로 함께 들어보자.

🎤 e스포츠 초창기에 대해 설명 부탁한다.

🅰 스파키즈에서 활동한 이야기보다는 e스포츠가 생기기 전 비스폰서 팀에 있었을 때 얘기를 해야 할 것 같다. 현재 e스포츠를 보고 큰 아이들은 '페이커' 이상혁을 보고 돈을 많이 번다고 생각하겠지만 시작은 그렇지 않았다. e스포츠 초창기 때는 커가는 과정이었기 때문에 정해진 루트와 e스포츠 협회 없이 '너 프로게이머 할래'라고 말하면 프로게이머가 됐다.

나는 고등학생 시절 교복을 입고 대회를 나갔다. 당시 실력도 있고 무대에서 나만의 끼를 보여 주니까 모든 게임단에서 러브콜이 왔고, 프로게이머를 시작했다. 그때에는 게임단 숙소가 따로 있지 않고 PC방에서 연습했다. 게임단을 운영하던 분들도 모두 가게 사장님들이었고.

초창기 때는 아무것도 없다 보니까 게임에 대한 이미지가 상당히 안 좋았다. 어른들이 생각하는 게임 인식 자체가 안 좋다 보니까 스폰서와 게임단을 잡는 것이 하늘의 별 따기였다.

🎤 그렇다면 부모님의 반대도 심했을 것 같은데.

🅰 나는 부모님을 설득할 필요가 없었다. 내가 하고 싶은 일이라면 직접 해보라고 부모님이 말씀하시면서 많은 지원을 해줬다. 당시 하고 싶은 것들 다해도 되지만 나쁜 것만 하지 말라고 했는데, 나는 개인적으로 게임이 나쁘다는 생각을 하지 않았다. 인식이 안 좋았던 것이지 내가 선택한 길은 옳았다고 생각한다.

 비스폰 팀 이후 스파키즈 게임단에 들어가게 됐다.

🅰 '뱀의 머리가 될 바에는 용의 꼬리가 돼라'는 말이 있다. 우리 팀은 뱀이었다. 인생은 선택의 연속이라고, 좋은 팀에 들어가는 것도 실력인 것 같다. 그때 당시 1군 첫 연봉이 1,800만 원이었다. 많이 받는 친구들은 4,000만 원 정도였다. 나랑 실력이 비슷하다고 생각한 친구들도 있었는데 큰 기업의 팀에 들어가는 친구들은 돈을 많이 받았다. 그렇게 첫 월급 180만 원을 받으면서 프로게이머 생활을 제대로 시작하게 됐다.

나만의 자격지심일 수도 있지만 경력이라는 게 보통 다 쌓이지 않나. 하지만 프로게이머로 지냈던 생활이 경력으로 인정을 받지 못하더라. 특별한 자격증과 공식 서류가 없었기 때문이라고 생각한다. 어떤 직업이든 그렇겠지만 당시에는 지금처럼 e스포츠가 커질 것이라 상상하지 못했다. 개척 단계였고 프로게이머의 종착지는 군대였다. 미래가 불투명했다.

Q 이제 조금 뒤로 물러나 e스포츠를 바라볼 때 어떤 생각이 드는지.

A 내가 프로게이머를 할 때만 해도 초창기 e스포츠 인식이 굉장히 안 좋았다. 하지만 지금은 e스포츠의 인식이 많이 바뀌어서 지난 2018년 아시안게임 시범 종목으로 인정받았고, 2022년 항저우 아시안게임에는 정식 종목으로 채택되지 않았나. 이런 모습을 보면 당연히 기분이 좋을 수밖에 없다. 내가 인생을 바쳤던 일이 절대 나쁜 것이 아니었고 잘한 거라는 자부심을 느낀다. 뿌듯하다.

Q 프로게이머에 도전하려면 어떤 마음가짐을 가져야 한다고 생각하는지.

A 냉정하다고 볼 수도 있지만 개인적으로 이 길 아니면 안 된다는 생각으로 프로게이머에 도전해야 한다고 생각한다. 어정쩡하게 마음먹으면 오히려 프로게이머를 하지 않는 것이 좋다. 20대 때는 정말 하고 싶은 게 많을 거다. 술도 먹고 싶고 밖에서 놀고 싶을 텐데 프로게이머는 이런 것들을 다 포기해야 한다. 프로라는 이름에 걸맞게 다 포기하고 들어올 각오 아니면 시작도 안 하는 게 좋다.

정말 프로게이머 세계에서는 모두가 열심히 한다. 그 사람 이상으로 더 할 생각을 해야지 누릴 거 다 누리면서 성공한다는 것은 말이 안 된다. 재능의 차이는 있겠지만, 지금까지 e스포츠 역사를 보고 경험했을 때 재능으로 먼저 앞으로 뛰어가는 선발주자는 있지만 언젠가 노력에 다 따라 잡힌다. 프로게이머 보면 정말 멋있고 어린 나이에 돈도 많이 번다. 하지만 그 과정이 정말 험난하다. 정말 겉모습만 보고 판단하지 않았으면 한다. 현실은 냉정하다.

Ⓠ e스포츠 세계를 보면 꼭 한 명씩 뛰어난 선수가 등장한다. 리그 오브 레전드로 예를 들면 '페이커' 이상혁이 있다. 다른 프로게이머들과 어떤 차이점이 있는 건가.

Ⓐ 모르는 사람이 없겠지만 이 질문을 들었을 때 스타크래프트 전 프로게이머인 이제동이 생각난다. 이제동은 학창 시절 때 스타크래프트 연습을 하려고 야간 자율 학습까지 학교에 빼달라고 했다. 또 이제동을 보고 '전기 의자'에 앉아 연습한다는 말이 있다. 이제동은 정말 의자에 오랜 시간 앉아서 연습만 했다. 그렇다고 연습을 쉽게 생각한 것도 아니다. 매 연습 경기에 최선을 다하고 높은 집중력을 보여 줬다. 그리고 결국 이제동은 스타크래프트 최고의 프로게이머 중 한 명이 됐다. 노력과 열정이 없으면 절대 성공할 수 없다. 열심히 노력하고 한 게임에 올인했지만 잘되지 않은 선수들을 정말 많이 봤다. 연습도 많이 하고 노력을 하지만 성공하지 않는 선수가 많다. 연습이라는 것이 시간을 때운다고 전부 발전하는 것은 아니다. 얼마나 집중하느냐가 중요하다. 또 조금 더 세부적으로 말하자면 프로게이머가 가진 재능은 게임과 경기 자체에 '즐거움'을 느끼는 거라고 생각한다. 본인이 재미를 느껴야 계속할 수 있고 발전이 있다. 프로게이머가 멋있어서 들어오려고 하면 그건 재능 면에서 0점이다. 프로게이머 다들 재미있으니까 하는 거다. 이기는 법을 찾아가다 보니 높은 단계에 올라간 것이고, 지기 싫어하는 마음을 갖기 시작하면서 연구를 하고 발전하는 거다.

Ⓠ 프로게이머가 되고 싶어 하는 꿈나무에게 하고 싶은 말이 있다면.

Ⓐ 훌륭한 프로게이머가 되기 위해서는 부모님 지원이 필요하다고 생각한다. 일단 프로게이머는 10대와 20대를 다 포기해야 한다. 공부가 쉬웠다는

말이 괜히 나오는 것이 아니다. 공부는 열심히 공부하고 노력한다면 좋은 점수를 받을 수 있겠지만, e스포츠는 경쟁을 하는 것이고 한쪽은 반드시 패배한다. 그리고 성공할 수 있다는 보장이 없다. 프로게이머 세계에 들어온 사람은 누구든 열심히 하고 재능을 인정받은 사람들이다.

또 10대 때는 어떤 길이 옳은지 분별하기가 힘들기 때문에 부모님의 조언이 필요하다. 또 프로게이머가 TV에 나오고 유명하고 돈도 잘 번다고 생각할 텐데 개인적으로 '호수 위에 백조'라는 생각이 든다. 호수 위에 떠 있는 백조는 멋있고 우아해 보이지만 실제로 수면 밑에서는 열심히 물장구를 치고 있다. 화려해 보인다고 쉽게 생각하지 않았으면 한다.

Q e스포츠 미래를 예상해 보자면?

A 관련 학과와 산업, 직업군이 정말 다양하게 생기고 있다. 아직도 e스포츠는 발전 중이기 때문에 긍정적으로 생각한다. 인재 양성에 힘써야 하지 않을까 생각한다.

Q 앞으로의 계획이 어떻게 되는지.

A 사실 e스포츠에서 지금 내가 할 수 있는 것은 크게 없다. 하지만 e스포츠인으로서 미래에 할 수 있는 일과 비전을 제시해 주고 싶다.

개인적으로 프로게이머를 꿈꾸는 학생 또는 현재 프로게이머로 열심히 살고 있는 친구들에게 전해 주고 싶은 말은 프로게이머 은퇴 이후 크리에이터라는 삶을 살 수도 있으니까 너무 부담 갖지 않고 했으면 한다. 개인적으로 나는 다 해봤기 때문에 더 잘 안다고 생각한다. 나를 롤모델로 삼으라는 것이 아니고 이런 다양한 길이 있다는 것을 제시해 주고 싶다.

e스포츠와 크리에이터 또는 BJ라는 직업이 자리 잡을 때도 나는 초창기 멤버였다. 앞으로 어떤 일들이 더 생길지 모르겠지만 여러 가지 길을 개척할 테니까 모두 걱정하지 않았으면 한다.

(3) PUBG

프로 은퇴 후 진로, 아직 길은 열려 있다
'비노' 조한경 해설 인터뷰

프로게이머를 직업으로 삼고 활동하는 선수들은 은퇴 후 진로에 대해 많은 고민을 한다. 10대와 20대를 한 게임에 바쳤고, 이후 진로에 대한 명확한 길이 제시되지 않았기 때문이다.

배틀그라운드 전 프로게이머로 유명한 '비노' 조한경 해설은 1992년생이며 국내 리그가 없던 스페셜포스2 국가대표팀인 INV-GAMING에서 선수로 활동한 적이 있다. 이후 2018년 대학교를 졸업하고 늦은 나이에 로캣 INV와 라베가에서 배틀그라운드 프로게이머로 약 2년간 활동했다.

조한경 해설은 2020년 3월 나이 때문에 선수 은퇴를 선언한 뒤 개인 방송을 진행하면서 배틀그라운드 해설가로 합류했다. 조한경 해설은 좋아하던 게임이 일이 되다 보니까 많은 어려움이 있었다고 한다. 프로게이머라는 직업이 어느 정도의 노력 없이는 성공할 수 없으니까.

조한경 해설은 은퇴 후 진로에 대해서도 많은 고민을 했지만, 그렇다고 너무 어렵게 생각하지 않았으면 한다고 전했다. 생각보다 길은 열려있고 앞으로 e스포츠 시장이 더욱 커지면서 다양한 직업군이 등장할것이기 때문. 게임 회사 취직도 고려해 볼 수 있겠다.

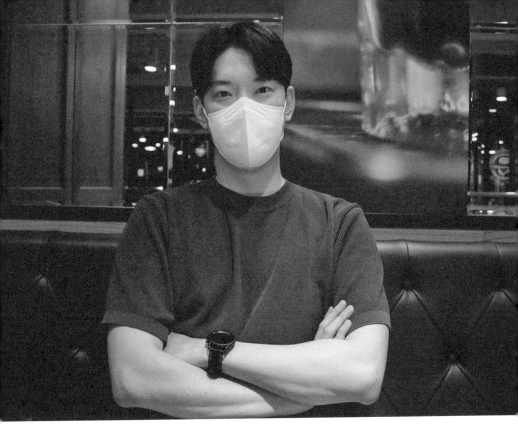

또 많은 사람이 프로게이머가 되기 위해서는 실력이 가장 중요하다고 생각한다. 하지만 e스포츠 관계자들은 실력은 당연히 있어야 하는 것이고 인성을 가장 우선시한다고 말한다. 실력이나 경기력은 가르칠 수 있지만 인성은 알려 주더라도 쉽게 바꿀 수가 없다.

조한경 해설은 인터뷰를 진행하면서 배틀그라운드 프로게이머 시절 겪은 고충과 경험담에 대한 이야기보따리를 풀면서도 프로게이머 지망생들에 대한 조언도 아끼지 않았다.

Q 먼저 자기소개 부탁합니다.

A 안녕하세요. e스포츠 해설자 '비노' 조한경이라고 합니다.

Q 프로게이머 경력이 어떻게 되시나요.

A 프로게이머 경력은 2018년부터 2020년 초까지 배틀그라운드 선수로 활동했다. 그 전에 스페셜포스2 국가대표팀인 INV-GAMING에 있었지만 국내 리그가 없었기 때문에 프로라고 하기는 애매하다. 배틀그라운드 종목에서만 프로게이머로 활동했다.

Q 1992년생으로 알고 있다. 2018년부터 선수로 활동했는데,
　　어떤 계기로 프로게이머 세계에 들어오게 됐나.

A 주변에 PUBG 프로 선수를 준비하는 지인이 꽤 많았다. 그때 당시에는 랭킹으로 APL 파일럿 시즌에 나갈 수 있었기 때문에 생각보다 가벼운 느낌으로 지인들과 준비를 했다. 그때 같이 준비했던 동생 중에 프로 선수로 남아 있는 선수는 '인디고' 설도훈 선수뿐이다. (웃음)

Q 프로게이머 이전에는 어떻게 지냈는지.

A 게임을 좋아하는 평범한 대학생이었다. 마침 파일럿 시즌이 한창이던 2017년 하반기에 대학생 졸업반이었고 대학을 졸업하면서 프로팀에 들어갔다.

Q 프로게이머를 막상 해보니까 어떤 고충이 있었는지.

A 취미로 즐기던 게임이 직업이 되면서 오히려 스트레스를 주는 요인이 돼버리다 보니까 쌓인 스트레스를 해소하는 게 쉽지 않았다. 물론 즐기는 선수

들도 있지만 나는 그렇지 못했다. 마냥 게임하는 게 좋아 프로에 도전하는 꿈나무들이 있다면 약간(?) 실망할 수도 있다.

Q 약 2년간 활동하고 프로게이머를 그만뒀다. 이유가 궁금하다.

A 사실 나이가 가장 큰 이유였다. 은퇴를 결정하면서 너무 아쉽기도 했지만 해설을 할 생각에 오히려 기대감도 컸다.

Q 프로게이머를 하면서 가장 힘들었던 때가 언제인가.

A 프로라는 이름을 달고 있기 때문에 성적이 저조할 때가 가장 힘들었다. 정확히 기억은 안 나지만 2019년 PKL 당시 강등 위기가 있었는데 그때가 가장 힘들었다. 팬분들을 포함한 모두에게 미안하고 나 자신의 자존감이 떨어지는 느낌이랄까. 슬럼프라고 할 수 있겠다.

Q 그렇다면 프로게이머 생활을 하면서 가장 기억에 남는 순간이 있다면 언제일까.

A 아무래도 우승했을 때가 가장 기억에 남는다. 팀원들과 감독, 코치님과 함께 고생했던 것들을 한 번에 보상을 받는 느낌이었다.

Q 프로게이머를 은퇴한 뒤 해설로 활동하고 있다. 어떻게 시작하게 됐나.

A 선수로 생활하면서 해설을 할 기회가 생겼다. 개인적으로 너무 좋은 경험이었고 그때 선수가 끝나면 해설자로서 다시 한번 도전해야겠다고 생각했다.

Q 은퇴 후 진로에 대해 많이 고민했을 것 같다. 실제로 어려움이 많았는지.

A 이왕 게임을 직업으로 선택했고, 끝까지 게임으로 직업을 구하고자 했다. 선택지는 개인 방송, 코치, 해설, 게임 회사 취직 이렇게 있었다. 다른 은퇴한 친구들에 비해 비교적 어려움은 없는 편이었지만 생각한 것보다 프로게이머 은퇴 후 길이 열려 있다고 생각한다. 개인적으로 앞으로는 더 열릴 것으로 예상된다.

🎮 프로게이머의 선수 경력이 다른 정통 스포츠보다 비교적 짧다.

이 부분에 대해 어떻게 생각하는지.

🅰 아무래도 다른 정통 스포츠보다 체계적이지 않은 시스템을 1순위로 뽑고 싶다. 정통 스포츠보다 역사가 짧고 선수의 손목, 목, 허리, 눈 등 몸 상태를 관리하는 시스템이 더욱 필요하다고 느낀다. 팀 차원에서 선수들의 몸 상태를 관리해 준다면 충분히 선수 생명은 늘 수 있다고 생각한다.

🎮 FPS e스포츠에 대해 어떤 생각을 갖고 있는지 궁금하다.

🅰 FPS e스포츠는 해외에 비해 아직 국내 인기가 많지 않다. 하지만 오버워치, 배틀그라운드를 시작으로 발로란트까지 한국의 FPS 경쟁력을 세계에 보여 줬다고 생각하고, 앞으로는 조금 더 인기가 많아지지 않을까 예상한다. 또 꾸준히 리그가 열리는 게 가장 중요하다고 생각한다. 프로팀의 처우가 좋아진다면 자연스럽게 리그의 규모가 커지지 않을까 싶다.

🎮 국내 FPS 인기가 해외보다는 많이 적다고 했다.

왜 그런 것이라 생각하나.

🅰 관심이라고 생각한다. 해외의 FPS 인기는 카운터스트라이크로 시작이 됐다. 한국의 FPS는 여러 일이 있었지만, 카운터스트라이크로 빛을 못 봤기 때문에 해외 FPS 리그보다 정통이 짧다고 생각한다. 하지만 오버워치만 생각해도 전 세계 리그 팀에 한국 선수들이 있는걸 봐도 차차 나아질 것으로 예상한다.

Q 전 프로게이머이자 해설 입장에서 봤을 때 프로게이머가 되기 위한 자질로 무엇이 필요할까. 특히 FPS 종목에서.

A 아무래도 '피지컬(개인 기량)'이 가장 중요하다. 빠른 반응 속도와 순간 판단력, 그리고 멀티플레이 능력이 필요하다. 과거 FPS 게임 프로게이머는 아무래도 '뇌지컬(경기 운영 능력)'보다는 '피지컬'만 필요했지만 최근 출시되는 게임들은 모두 팀 게임이고 '뇌지컬'을 많이 필요로 하기 때문에 멀티플레이 능력이 중요하다. 프로팀에 들어가기 전에는 자신의 피지컬을 1순위로 생각해 실력을 키우는 게 중요하다. '뇌지컬'은 팀마다 스타일이 다르기 때문에 그 팀에 들어가 배우면 된다고 생각한다.

Q 프로게이머를 꿈꾸는 꿈나무들에게 하고 싶은 조언이 있다면.

A 프로게이머를 꿈꾼다고 너무 게임만 하는 것은 피하라고 말하고 싶다. 프로게이머에게 중요한 건 실력이 맞지만 그만큼 중요한 게 소통이다. 프로를 준비하는 친구들을 보면 너무 게임에만 집중한다. 분명 프로팀에는 입단할 수 있겠지만, 소통하는 방법을 모른다면 팀에서 소외될 수 있고 그게 자신의 플레이에 분명 영향을 줄 것이다. 또 여러 프로팀 코치들의 말을 빌리자면 실력은 자신들이 키울 수 있지만 인성은 못 키우기 때문에 인성도 굉장히 우선시한다고 한다.

Q 앞으로의 FPS e스포츠 어떻게 전망하는지.

A 내년 아시안게임에 정식으로 채택되었기 때문에, 이건 게임이라는 종목이 하나의 스포츠로 인정을 받았다고 생각한다. FPS뿐만 아니라 e스포츠 자체가 더욱 커질 일만 남았다고 생각한다.

Q 앞으로의 목표가 있다면?

A 재미있는 해설자가 되고 싶다. 아직은 해설을 하면서 말에 재미를 더하는 능력이 많이 부족하다. e스포츠를 보시는 모든 분들에게 재미있는 해설을 들려드리고 PUBG뿐만 아니라 다른 게임 해설도 도전해 보고 싶다.

Q 마지막으로 하고 싶은 말이 있다면.

A 항상 e스포츠에 관심을 가져 주시는 분들 모두에게 감사하다. 해설자 '비노' 조한경으로서 좋은 해설 들려드리도록 노력하겠다.

e스포츠
라이브
(Live)

현재 e스포츠 실무자가 들려주는
생생한 e스포츠 현장

- 윔보콤보(필명)

1

게임사는 왜 e스포츠를 할까?

　　e스포츠를 만드는 단체와 집단은 아주 다양하다. 특정 협회, 방송사, 대학교, 온라인 커뮤니티, 게임과 관련된 제품을 판매하는 회사 등 여러 단체에서 자신들의 목표를 위하여 e스포츠 대회를 만들고 운영한다. 가장 규모가 크고 정기적으로 열리는 e스포츠 대회들은 단연코 현재 게임사에 의해서 이루어진다.

　　예전에는 온게임넷(현 OGN)과 MBC games, SpoTV와 같은 케이블 방송 채널이 중심이 되어 e스포츠 대회를 만들고 운영해왔다. 게임사가 e스포츠를 하는 이유에 대해서 잠시 e스포츠의 구조 변화에 대해서 잠시 살펴보자.

[도표 1] 예전 e스포츠 구조

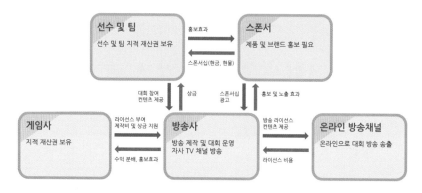

[도표 2] 현재 e스포츠 구조

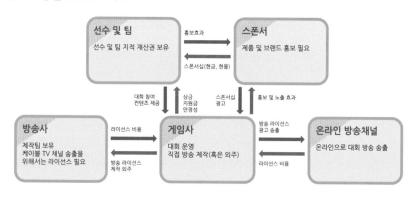

　　[도표 1]에서 보는 것과 같이 기존에는 방송사가 게임사에게 대회 진
행에 대한 라이선스를 받아 대회 기획 및 운영, 팀과 선수들 관리, 방송
제작 및 출연진 섭외, 스폰서십, 방송 서브 라이선싱 등의 중심이었다.
이때는 어찌 보면 게임사는 e스포츠 프로그램을 하나의 게임에 대한 마케팅 수단으로 생각하며, 해당 방송사의 TV 채널에 자신의 게임 대회가 별도의 비용 지급 없이 송출되는 것에 여러 이점이 있다고 보았다.

하지만 지적 재산권에 대한 개념의 강화와 e스포츠 산업이 점차 고도화됨에 따라 e스포츠의 e스포츠의 중심은 점차 게임사로 옮겨졌다. [도표 2]에서 보는 것과 같이 주된 e스포츠 대회들은 게임사를 중심으로 현재 돌아가고 있다.

게임사는 왜 e스포츠 대회를 만들고 운영할까? 답은 아주 간단하다. 더 많은 이윤을 창출하기 위해서이다. 그렇다면 e스포츠를 하면 게임사는 많은 이윤을 창출할까? 이 질문에 단순하게 e스포츠로 이윤을 남기고 있다고 말하기에는 어렵다. 일차원적으로 보면 오히려 대부분 반대의 입장에 속해있다. 회사는 e스포츠를 운영하기 위해 실제로 여러 방면에 투자 하고 있다. 대회 제작비, 상금, 팀 운영비 지원, 인건비, 홍보비 등 대회가 크면 클수록 더 많은 돈과 리소스를 할애한다.

하지만 점차 e스포츠 상품에 자체에 대한 스폰서십 금액과 방송권 판매금액이 커지고 있으며, 대회에 참가하는 팀과 선수들은 더 높은 연봉과 가치를 인받고 있으며 다양한 산업에서 e스포츠를 키워드로 두고 있다. 즉 현재로서 e스포츠 대회라는 상품 자체가 바로 돈을 벌어들이고 있다고 말하기는 힘들지만, 향후 e스포츠 산업의 발전과 함께 게임사는 더 큰 이윤을 창출할 수 있는 많은 가능성을 갖고 있다.

e스포츠는 주 타깃층이 온라인 쌍방향 소통을 중심으로 하며 커뮤니티를 형성하기 때문에 콘텐츠에 대한 소비와 트렌드의 변화가 매우

빠르게 이루어지는 산업이다. 최근에 온라인 커뮤니티를 뜨겁게 달구고 있는 메타버스와 NFT(Non Fungible ToKen, 대체 불가능한 토큰), 블록체인 기술과 같은 키워드들과 함께 e스포츠가 언급되며 함께 산업을 구축하고자 하는 것을 자주 찾아볼 수 있다.

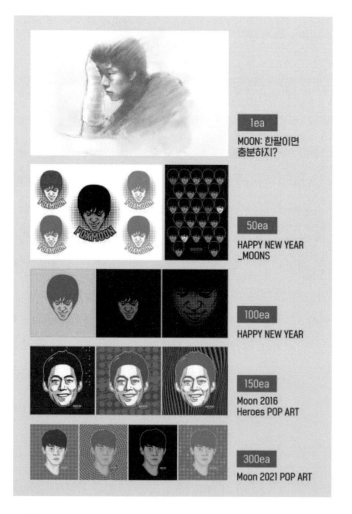

▲ 출처: 비전 스트라이커

e스포츠 구단 '비전 스트라이커'에 따르면 소속 프로게이머 장재호 선수의 NTF(Non Fungible ToKen, 대체 불가능한 토큰) 총 13종 2,051개가 가상자산 거래소 업비트와 파트너십을 바탕으로 지난 6일 에어드랍 형태로 발매했다고 9일 밝혔다. 이번 NFT는 29초 만에 모두 소진됐다. 회사 측은 국내에서 e스포츠 프로게이머를 대상으로 NFT가 발매된 것은 이번이 처음이라고 설명했다.

이뿐만 아니라 KB국민은행은 메타버스 플랫폼 '제페토'에 e스포츠 리그 응원 공간을 열기도 하며, 북미 리그 오브 레전드 챔피언십 시리즈(LCS NA)는 암호화폐 거래소 FTX와 7년 동안의 리그 후원 계약을 체결하기도 했다.

앞서 말한 사례들과 같이 e스포츠가 고도화되며 새로운 산업과의 연계를 통한 더 큰 수익 창출의 가능성도 갖고 있지만, 이것만이 게임사가 e스포츠를 하는 이유는 아니다.

e스포츠는 기본적으로 게임의 콘텐츠를 모두 즐기고 난 이후 새로운 콘텐츠가 되어 게임을 하는 유저들의 이탈을 막고 다시금 유저들이 게임에 들어올 수 있는 환경을 제공한다. 게임에서 주된 콘텐츠를 다 소비하고 난 이후 해당 게임의 커뮤니티는 자연스럽게 누가 게임을 제일 잘하는가에 대한 관심을 갖게 된다. 이러한 최종 콘텐츠 이후의 커뮤니티의 게임에 대한 새로운 관심사가 e스포츠의 토대가 되어 게임 커뮤니티를 지속시켜 주고 있다고 말할 수 있다. 또한, 대회에서 나오는 예상을 뛰어넘는 플레이 장면, 스타플레이어, 유명 구단들은 커뮤니티

에게 계속해서 새로운 콘텐츠와 스토리를 제공하는 원동력이 된다.

1998년에 발매한 블리자드 엔터테인먼트사의 스타크래프트는 현재도 한국 게이머들에 많은 사랑을 받고 있는 게임이다. 스타크래프트는 게임에 있어서는 한국의 민속놀이로 불리며, 정통 스포츠와 비교하자면 마치 달리기와 같은 느낌으로 게임을 즐기는 사람이라면 누구나 한 번쯤 해보거나 여러 매체를 통해 접한 게임이다. 스타크래프트가 단순히 프로토스, 테란, 저그 3종족의 캠페인에 대한 콘텐츠만 있었다면 아직도 한국 PC방 순위 7~8위 안에 들지는 못했을 것으로 보인다. 물론 이렇게 꾸준히 한국 게이머들에게 사랑을 받고 있는 이유는 다양하겠지만 다양한 e스포츠 대회들, 유명 선수들, 그리고 현재도 진행하고 있는 아프리카TV 스타크래프트 리그와 같은 e스포츠 대회가 주된 힘일 것이다.

물론 현재도 PC방 점유율 1위를 기록하며 한국 게임 시장을 장악하고 있는 라이엇게임즈사의 리그 오브 레전드도 지속적으로 발전시키고 있는 리그 오브 레전드 챔피언십 코리아와 같은 e스포츠 프로그램이 주변의 많은 사람이 게임을 즐기는 이유이다.

또한, 두 게임 모두 직접 게임을 하지는 않더라도 e스포츠 대회를 보며 선수들을 따르는 팬들이 많기 때문에 e스포츠는 그 자체의 상품으로서 존재 가치를 입증한다.

마지막으로 e스포츠는 게임사가 게임을 즐기는 커뮤니티에게 기여하는 수단이 될 수도 있다. 이를 보여 주는 아주 대표적인 예로, 2019년에 6년 만에 부활한 게임 World Cyber Games(WCG)이다. WCG는

2000년부터 2013년까지 매년 열렸던 국가 대항전 개념의 다종목 국제 e스포츠 대회로 초기 삼성전자의 후원을 받으며 진행한 큰 규모의 e스포츠 대회였다. 하지만 여러 이유로 인하여 2013년 대회를 마지막으로 WCG라는 이름의 대회는 열리지 않았다.

2019년 한국의 게임 회사인 스마일게이트사가 삼성전자로부터 WCG에게 권한을 인수받고 중국 시안에서 2019 WCG를 개최하였다. 정식 종목으로는 워크래프트3, 하스스톤, 클래시 로얄, 왕자영요, 도타2, 크로스파이어가 선정되었다. 이전 대회와는 다르게 스마일게이트와 그 협력사인 텐센트와 관계된 게임이 주로 편성되었다는 의견도 있지만, 한편으로 보면 스마일게이트 게임사에서 다른 회사의 게임을 진행하기 위하여 라이선스를 획득하여 투자를 했다고 볼 수 있다. 이는 사실상 찾아보기 힘든 일이다. 아무리 자사의 게임 홍보에 대한 목적이 강하다 하더라도 경쟁사가 될 수 있는 다른 회사의 게임에도 투자를 하는 것은 분명 쉽지 않은 결정이다.

권혁빈 WCG 조직위원회 의장은 2019년 7월 18일 중국 시안에서 WCG 2019의 개막을 알리며 WCG 개최에 대한 이유를 밝혔다. 게임을 즐기는 커뮤니티를 위한 축제의 장으로 e스포츠를 통한 소통하고 우정을 발전시키며 더 나은 세상을 꿈꾼다는 내용을 밝힌 것으로 기억한다.

이처럼 e스포츠는 게임사와 커뮤니티 사이의 소통과 화합의 장으로 사회에 기여하는 수단이 될 수도 있으며, 이는 게임사가 앞으로도 계속 e스포츠를 지속적으로 발전시켜 나가야 하는 확실한 이유다.

● 2019 WCG 현장 ●

2

e스포츠 대회 종류

e스포츠 대회가 게임사가 공식적으로 진행하는 정규 대회만이 있는 것은 아니다. 앞서 잠시 언급한 것과 같이 여러 단체에서 다양한 목적을 위하여 대회를 진행한다. 대회들은 계약서의 형태에 따라 크게 3가지로 대회를 분류할 수 있다.

(1) 게임사가 직접 진행하는 공식 대회
(2) 제3자가 게임사에게 권한을 받아 진행하는 3rd party 대회
(3) 커뮤니티에서 자발적으로 일어나는 커뮤니티 대회

(1) 게임사의 공식 대회

라이엇게임즈사의 리그 오브 레전드 챔피언십 코리아, 리그 오브 레전드 챔피언십 시리즈, 그리고 블리자드 엔터테인먼트사의 오버워치 리그, 컨텐더스 시리즈 등은 게임사에서 직접 기획, 제작, 운영하는 대회들이다.

특히 리그 오브 레전드 챔피언십 코리아와 오버워치 리그는 프랜차이즈 모델을 도입한 대표적인 리그다. 오버워치 리그는 전 세계 최초 지역 연고제를 도입하여 한국에는 서울 다이너스티와 같은 팀이 존재한다.

리그 오브 레전드 챔피언십 코리아는 2021년도부터 프랜차이즈 모델을 도입하였다. 총 21개의 기업이 LCK 프랜차이즈 참가 지원을 하였으며 최종 10개의 프랜차이즈 팀이 결정되었다. 두 개의 리그는 분명 많은 차이점이 있지만 프랜차이즈 팀과 리그가 리그 운영에 대한 의사 결정을 함께 하고 수익을 같이 나눈다는 공통점이 있다.

프랜차이즈 모델의 큰 특징은 리그에 승강제가 없어, 참가하는 팀들은 안정적으로 팀을 운영하고 투자 유치에 힘을 쓸 수 있다. 선수들 또한 더욱더 안정적인 환경과 뒷받침되는 제도하에 경기력 향상에 집중할 수 있다.

가장 대표적인 게임사의 정규 리그가 프랜차이즈 모델이기 때문에 잠시 프랜차이즈 모델에 대한 설명을 했지만, 프랜차이즈 모델이 아니더라도 게임사가 직접 운영하는 정규 대회는 모두 게임사가 투자하는 형태로 모든 권한을 갖고 있다. 스폰서십 유치, 방송 권한 판매, 광고 및 다양한 수익화 모델, 대회 일정, 방송 출연진 등 모든 최종 결정은 게임사에서 이루어진다.

게임사는 직접적으로 운영하는 대회와 리그의 생태계를 구성하기 위하여, 프로 선수들이 참여하는 대회뿐만 아니라 프로를 꿈꾸는 아마추어의 대회를 만들어 운여하기도 한다. 프랜차이즈 모델 도입의 여부를 떠나서 게임사가 직접 운영하는 아마추어의 대회는 선수 수급뿐만 아니라, 산업에서 일하는 방송 제작 인력, 출연진 등 모든 부분에 있어 프로 대회를 뒷받침하는 원동력이 된다.

▼ 리그 오브 레전드 챔피언십 코리아가 진행되는 롤파크(출처: 라이엇게임즈)

(2) 3rd party 대회

게임사가 모든 대회를 직접 기획하고 운영하기에는 여러 가지 어려움이 있다. 재정 및 인적 자원에 대한 한계가 있을 수도 있으며, 직접 운영하는 리그와 이해관계가 충돌할 여지가 있을 수도 있다. 또는 게임사 외부에서 새로운 아이디어와 투자를 통해 대회를 진행시키고자 할 수도 있다.

이에 게임사는 다른 회사나 단체에게 대회를 열고 방송을 제작하며, 때로는 투자를 유치할 수 있는 권한을 부여하기도 한다. 이를 제3자 대회 혹은 3rd party라고 말하며, 이러한 대회는 게임사의 정규 대회보다 더 다양한 형태로 나올 수 있다.

앞서 잠시 소개한 WCG도 여러 게임사에게 권리를 받아 계약을 한 3rd party 대회이다. 게임사가 직접 진행하기에 어려운 국가 대항전, 여러 게임사의 게임이 함께하는 대규모의 오프라인 이벤트라는 형태의 e스포츠가 3rd party 계약을 통해 나올 수 있었다.

이러한 대규모의 대회뿐만 아니라, 최근에 많이 볼 수 있는 인플루언서 및 스트리머 초청전, 한일 대항전, 지방자치단체에서 진행하는 여러 대회들이 게임사에게 권한을 부여받아 진행하는 3rd party 대회의 종류이다.

3rd party 대회 진행을 위해서 게임사와 대회 주최 측은 여러 가지 사항에 대한 협상이 진행되겠지만, 무엇보다 중요한 것은 게임사의 정규 대회와 충돌하지 않는 것이다. 일정, 스폰서십, 참가 팀과 선수, 방송 플랫폼 등 게임사는 3rd party 계약을 통해 정규 리그를 안정적으로 진행함과 동시에 또한 자사의 지적재산권을 보호한다.

무엇보다 3rd party 대회들을 통해서 e스포츠 팬들과 게이머들은 다양한 대회와 콘텐츠를 접할 수 있다. 라이엇게임즈사의 리그 오브 레전드와 블리자드 엔터테인먼트사의 스타크래프트가 한자리에 펼쳐지는 대회를 볼 수도 있으며, 정규 대회에서 보기는 힘든 특정 집단 및 국가를 대표하는 선수들의 플레이도 볼 수 있다.

(3) 커뮤니티 대회

커뮤니티에서 자발적으로 이루어지는 대회로, 게임사가 지적재산권을 보호하고 정규 리그와의 충돌을 피하기 위하여 모든 크고 작은 대회들을 관리하기에는 어렵다. 이에 게임사들은 커뮤니티 대회에 대한 정의와 규정을 만들어 관리하고 있다.

[리그 오브 레전드 커뮤니티 대회 지침]

	주최	플랫폼/규모	주최 목적	라이엇 기여
소규모 대회 참가자 주도 의 비전문, 소 규모 행사	플레이어, PC방, 커뮤니티 운영자, 동아리	총상금 500만 원 이하, 국내 대회(국제 대회 불가) 프로 선수 및 구단 참 가 불가	재미를 위한 조직 적인 친목 활동으로 써의 게임 플레이	지식재산 불허
중규모 대회	중간 규모 사업체 및 브랜드, e스포 츠 구단, 인플루언 서, 주요 e스포츠 이벤트 주최자	총상금 5,000만 원 이하, 프로 선수 및 구단 참 가 불가	수익 창출 추구 및 또는 브랜드나 사 업의 성장	해당 지역 오피 스와의 협의에 따라 상이함

▲ 출처: 2021년 리그 오브 레전드 및 전략적 팀 전투 커뮤니티 대회 지침

[스타크래프트2 커뮤니티 라이선스 주요 사항]

● 커뮤니티 토너먼트

1. 단독으로 개최되는 일회성 이벤트

2. 상품 및 출연료가 10,000달러(USD) 미만

3. 후원금이 1,000달러(USD) 미만

4. 12개월 이내에 개최되는 대회의 총상금 50,000달러(USD) 미만

5. 대회명에 반드시 '커뮤니티'를 포함해야 함

이외에도 추가적인 제한 사항이 적용되며 보다 더 자세한 사항은 블리자드 커뮤니티 토너먼트 페이지(https://communitytournaments. blizzardesports.com/ko-kr/) 통해서 확인이 가능하다.

앞에서 살펴본 것과 같이 두 회사의 차이점은 있지만, 공통적으로 커뮤니티 대회에 대하여 제한 및 안내를 하고 있는 사항들은 다음과 같다.

- 주최자: 학생, 플레이어, PC방, 온라인 커뮤니티와 같이 규모가 크지 않은 주최
- 상금: 500만 원 이하 혹은 1,000만 원 이하의 상금 및 보상
- 참가 선수: 프로 선수에 대한 참가 제한
- 주최자 수익: 누적 수익 5천만 원 이하와 같이 연간 누적 수익에 대한 제한
- 방송: 정규 리그와 겹치지 않는 일정으로 온라인 방송 가능, TV 방송 채널에 대해서는 일반적으로 제한
- 상품화 및 머천다이즈에 대한 제한
- 광고 및 후원 카테고리 제한: 주류 및 담배, 도박, 정치, 종교와 같은 사항들에 대한 제한
- 기타 법률적인 사항에서 게임사의 지적재산권을 보호하기 위한 장치 마련

이러한 지침들을 토대로 사용자는 손쉽게 규정에 맞게 대회를 진행하며 라이선스 발급이 가능하며, 게임사는 효율적으로 리소스를 관리하며 정해진 규정에 따라 사용자들이 대회를 열수 있도록 독려할 수 있다. 다만 대회에 대한 지침과 제한 사항은 바뀔 수 있기 때문에 대회를 진행할 때마다 꼭 확인하도록 하면 좋겠다.

e스포츠 산업 직군

　　e스포츠 산업이 점차 고도화되고 발달하며, e스포츠 자체가 하나의 상품 및 서비스가 됨에 회사마다 다소 차이가 있을 수 있지만, 개인적인 경험을 바탕으로 게임사에 속한 e스포츠에 대한 직군은 아래와 같이 구분해 볼 수 있다. 물론 모든 회사 e스포츠 부서 내에 모든 직군의 담당자가 있는 것은 아니며, 회사 자체의 홍보부, 마케팅부와 협력하며 e스포츠 업무를 진행하는 경우도 많다.

[e스포츠 주요 직군]

(1) Lead/Team manager

(2) Product manager

　　Program manager

　　Project manager

(3) Brand/Marketing

(4) PR/Communication

(5) Community/Influencer

(6) Broadcast production

(7) Legal

(1) Lead / Team manager

팀의 리더이며, 부서의 장을 이야기한다. 팀원 및 팀원들이 수행하는 업무에 대한 관리가 주 업무이다. 게임사에서 여러 게임의 e스포츠가 있을 수도 있고, 한 e스포츠 팀내에 다양한 직무의 담당자들이 있기 때문에 해당 담당자들의 관리자이며, e스포츠 부서 내 최종 승인권자이기도 하다.

e스포츠 측면에서 최종 승인권자라는 말은, 즉 e스포츠 업무의 특성상 타 부서에서도 승인이 필요한 경우도 많기 때문이다. 이는 e스포츠가 게임이라는 상품에 아주 밀접한 관계를 맺기도 하며, 게임을 개발한 개발팀 외에도 예산, 마케팅, 홍보, 사업, 법무 분야에서의 협업 및 승인이 필요한 경우가 많기 때문이다.

또한, 외부 기자 회견, 인터뷰 등의 경우에 e스포츠팀을 대표하는 얼굴마담이 되기도 한다.

(2) Product manager / Program manager / Project manager

게임 회사는 IT 업종에 속한다고 볼 수 있으며, 게임사의 e스포츠 부서에도 Product manager, Program manager, Project manager와

같은 직종으로 구분한다. 앞서 설명한 매니저가 인적 자원에 대한 관리를 뜻하기 때문에 위 3개의 PM도 한국에서는 관리자로 인식할 수 있지만, 사실은 관리 대상은 제품과 서비스이다.

e스포츠 팀이 소규모로 구성될 경우에는 위와 같은 직종 구분 없이 e스포츠 매니저, 리그 기획자와 같은 타이틀로 모든 업무를 수행 하기도 한다.

Product manager란 제품과 서비스를 관리하는 역할이다. 여기서 제품과 서비스란 e스포츠를 진행하고 있는 게임이 될 수도 있고, e스포츠 대회 혹은 그 리그가 될 수도 있다. 즉 해당 게임의 대회와 리그를 전반적으로 관리하고 운영하며, 여러 커뮤니케이션에서 중심이 되어 의사 결정을 진행한다. 해당 e스포츠 종목 전체 대회의 성과에 대하여 총책임을 지니고 있다.

Program manager란 앞서 말한 Product manager와 비슷하게 대회를 운영하고 관리하는 역할이다. 다만 Product manager가 e스포츠 종목에 총책임을 지닌다면, Program manager는 특정 대회 혹은 프로그램에 한하여 의사 결정 및 책임을 지닌다. 해당 종목에서 진행하는 대회가 많아, 혹은 특정 리그 혹은 대회의 규모가 크기 때문에 Product manager와 Program manager가 공전하며 업무를 진행하는 경우도 있다.

Project manager란 IT 기업에서 가장 쉽게 떠올리는 직군이다. 회사 마다 차이가 있겠지만, 게임사의 Project manager의 역할은 개발

팀 및 내부 부서와의 협업을 통한 인적, 물적 자원을 관리하며, 해당 프로젝트가 정해진 시간 내에 진행될 수 있도록 계속해서 일정을 조율하고 관리하는 역할을 수행한다. 여러 부서가 모이는 자리에서 Project manager는 회의를 이끌며, 각 부서의 주요 업데이트 내용 및 향후 진행할 업무에 대한 담당자 배정 및 완료 기간 등을 공지하고 관리한다.

(3) Branding / Marketing

e스포츠 산업이 고도화되고 여러 프로그램이 진행됨에 따라 리그에 대한 기획과 운영 외에도 다양한 마케팅 업무의 기획과 수행이 필요하다. e스포츠 브랜딩과 마케팅팀은 e스포츠 대회를 하나의 상품으로 각종 캠페인과 프로모션을 진행한다. 대회 시작과 진행을 알리는 광고를 기획하기도 하며, 대회 홍보를 위한 작은 대회를 만들기도 한다.

해당 직종에서 일하기 위해서는 게임과 e스포츠에 대한 이해뿐만 아니라, 다양한 데이터를 분석하고 읽을 수 있는 능력 그리고 디지털 마케팅 등의 경험을 필요로 한다. 주로 게임사에서의 마케터, 혹은 미디어 렙사, 광고대행사에서의 경력을 요한다.

(4) PR / Communication

대회를 개최하는 공식 입장, 그리고 대회 진행 일정과 경기 결과 등 e스포츠에 대한 새로운 소식과 알려야 할 사항들이 상당히 많다. 그리고 그 횟수도 빈번하다. 이에 e스포츠를 전담하는 홍보 및 커뮤니케이션 인력이 필요한 경우도 많다. e스포츠 대회에 대한 홍보와 커뮤니케이션 전략을 수립하고 실행하며, 기자들을 응대하며, 사건이 발생할 경우 리스크 관리를 담당한다.

(5) Community / Influencer

커뮤니티와 인플루언서 담당자는 e스포츠 및 게임 콘텐츠를 활용하여 e스포츠와 게임 팬들에게 더 나은 경험을 제공하고자 한다. 해당 e스포츠에 대한 브랜드를 커뮤니티 내에 알리는 것들도 이들의 역할이며, 커뮤니티의 피드백을 모으고 정리하여 e스포츠 운영 담당자들에게 공유하기도 한다.

e스포츠 전용 소셜미디어를 운영하며, 현장의 생동감을 팬들에게 직접 전달하거나 선수들과 팬들 사이의 소통의 장을 마련하기도 한다.

(6) Broadcast production

  e스포츠 리그 및 대회 방송 제작에 대한 모든 전반적인 일을 담당한다. 사실 프랜차이즈 모델을 도입하여 정규 리그를 제외하고 있는 라이엇게임즈사와 블리자드 엔터테인먼트사를 제외하고는 방송 전문 인력을 직접 운영하는 게임사가 많지는 않다.

  방송 제작팀이 게임사에 있다는 것은 방송을 제작할 공간도 있다는 의미가 된다. 라이엇게임즈사는 서울 종로에 있는 Gran Seoul에 LoL Park를 마련하여 2019년 LCK 스프링 시즌부터 직접 방송 제작 및 중계를 진행하고 있다.
  방송 제작은 다양한 영역에서의 전문 인력이 필요하다 보니 이와 관련된 구인 공고를 여럿 찾아볼 수 있다.

  방송 제작이라는 파트에서의 e스포츠 특징은 전문 옵저버가 있다는 사실이다. 옵저버는 다른 스포츠에 비교했을 때 카메라맨과 같은 역할을 한다. 빠르게 진행되는 게임 화면에서 옵저버가 얼마나 해당 화면을 잘 포착하고, 시청자들에게 적절한 화면과 정보를 제공하느냐에 따라 시청자가 느끼는 e스포츠의 재미는 크게 차이가 날 수 있다.

(7) Legal

　법무 부서 또한 e스포츠 부서 내 전문 인력이 구성될 수도 있으며, 게임사의 법무팀 내에 e스포츠 전문 인력이 있을 수도 있다. 대회 진행을 위한 여러 외부 파트너사와 계약, 선수들 관리에 있어 적법한 행동을 취하기 위한 활동, 그리고 앞서 설명한 3rd party 대회에 대한 라이선스를 부여하기 위한 계약 등 진행하는 대부분의 일에 법률적인 자문과 계약서가 필요하기 때문에 법무팀도 e스포츠 부서 운영에 매우 중요한 위치를 차지한다.

　특히 국내에서는 2019년도부터 e스포츠 진흥에 관한 법률을 시행하고 있으며, 여러 가지 법 개정안이 발의되고 있기 때문에, e스포츠 대회에 새로운 변화를 반영하고 대응하기 위하여 법무팀과의 협업이 자주 필요하다.

e스포츠 실무 살펴보기

필자가 담당한 업무는 위에서 말한 Product manager 역할로 실제 대회를 기획하고 운영하는 업무를 진행하였다. 이번 장에서는 필자의 경험을 바탕으로 대회 준비부터 진행 과정을 살펴보고자 한다.

(1) 대회 기획 및 준비

대회를 기획하는 데 있어서 크게 두 가지로 나눌 수 있다.

① 기존 대회를 유지하거나 발전시키는 경우
② 새로운 대회를 만들어야 하는 경우

① 기존 대회를 유지하거나 발전시키는 경우
  게임사가 계속해서 진행하고 있는 정규 리그, 연간 이벤트, 혹은 글

로벌 단위의 대회의 경우가 이에 속한다. 상금 규모와 출전 팀, 경기 및 방송 일수 등의 주요 사항들이 대략적으로 정해져 있으며 이에 대한 예산의 범위도 정해져 있는 경우가 많다. 대회의 규모와 목표 설정에 대한 범위가 정해져 있기 때문에 목표 달성을 위해 발전이 필요한 사항들을 개선하는데 집중한다.

개선이 필요한 사항들은 내부 관계 부서들과의 회의를 통해 피드백을 받을 수 있으며, 외부 커뮤니티의 목소리를 귀기울여 정리하고 우선순위를 정할 수 있다.

지난 리그의 개선 사항과 동시에 당해 연도에 적용해야 하는 사항들을 살펴보아야 한다. 일반적으로 고려하는 사항은 올해의 공휴일 및 다른 대회와의 일정 중복, 주요 방송 출연자들의 일정, 스폰서십의 유무와 스폰서십에게 제공해야 하는 사항들, 방송 플랫폼 및 채널 등이 있다.

위 사항들 중 중요하지 않은 사항들이 없지만, 일반 시청자들과 커뮤니티에게 가장 직접적으로 영향을 끼치는 사항은 방송 플랫폼과 채널이다. 방송 플랫폼과 채널에 대한 결정은 주로 비즈니스팀의 중요한 성과에 속하며, 성과 달성을 위하여, 즉 회사가 더 나은 수익 창출을 추구하기 위하여 방송 플랫폼과 채널이 결정되기도 한다.

작년에 YouTube를 통하여 볼 수 있었던 대회를 올해는 TwitchTV나 혹은 다른 온라인 방송 플랫폼에서만 볼 수 있는 경우 혹은, 올해 갑자기 케이블 TV 채널에 편성이 되었다면 회사와 미디어사 간의 계약이 이루어졌음을 짐작할 수 있다.

② 새로운 대회를 만들어야 하는 경우

아예 새로운 대회를 만들어야 한다면, 업무를 진행하는 실무 입장에서는 조금 더 준비할 단계가 많고 힘들 수 있는 경우이기도 하지만, 더 큰 뿌듯함과 보람을 느낄 수 있다. 실제로 새로운 대회를 만들 경우 더 큰 애정을 갖고 업무를 진행하는 경우가 많다.

새로운 대회를 만들기 위해서는 우선 내부 관계 부서들의 협조와 의사 결정권자들을 설득이 필요하다. 대회를 진행하는 목적이 무엇인지, 그리고 어떤 목표를 달성할 수 있는지, 허용 가능한 범위의 예산은 얼마인지 등 내부에 자신의 의견을 피력하고 설득하는 과정을 거친다.

대회 목적이 무엇인지에 따라 대회의 형태와 방식이 달라질 수 있다. 게임의 대표성을 띠며, 최고급 수준의 경기력, 높은 질의 방송과 함께 새로운 수익을 창출하기 위해서는 프로 선수들이 활동할 수 있는 리그를 기획하고 운영한다.

경쟁적인 게임을 즐기는 유저들의 커뮤니티를 형성하고, 프로 대회를 위한 생태계 구성을 위해서는 프로 대회와 연결 구조를 갖는 프로/아마추어 대회와 더불어 순수 아마추어 대회를 만든다.

게임의 업데이트나 특정 홍보를 위해서는 이벤트성 초청전을 열기도 하며 최근에는 주로 개인 채널을 통해 방송을 진행하는 인플루언서들을 초청한다. 예전에는 연예인을 초청하는 경우도 많았는데, 유튜버 혹은 스트리머들의 영향력이 높아짐에 따라 그들을 초청하는 경우가 많고, 경우에 따라서는 이들이 진행하는 대회가 새로운 문화가 되어 지속적으로 열리기도 한다.

대회 목표를 설정할 때는 내부 의사결정권자들을 설득할 수 있는 범위, 즉 내부에서 성과라고 인정할 수 있는 범위에 속하며, 동시에 실제로 달성할 수 있는 정도를 기준으로 잡아야 한다. 보통 e스포츠를 진행하는 데 있어, 실무자가 설정하는 정량적인 목표는 대회 참가자 수와 대회 시청자 수이다. 이와 더불어 비즈니스팀에서는 대회에 대한 미디어 권리, 스폰서십 판매로 실제 비용 창출을 목표로 잡을 수 있다.

성과로 인정되는, 실현 가능한 목표 설정을 위해서는 사실 많은 경험과, 인사이트, 시장조사가 필요하기 때문에 새로운 대회를 만들 때는 경험 많은 경력자를 필요로 하는 경우가 많다.

(2) 파트너 선정

내부 의사 결정이 마무리 되고 대회 기획을 마쳤다면, 대회를 함께 만들 파트너를 찾아야 한다. 일반적으로 게임 회사나 그 게임사에 속하는 e스포츠팀에는 자체 방송 제작팀과 대회를 운영하기 위한 운영위원, 심판진들을 직접 보유하고 있지 않는 경우가 많기 때문에 이 부분들을 함께 수행할 수 있는 파트너 회사들을 찾는다.

사실 이는 앞서 말한 것과 같이 기존의 e스포츠 구조는 방송 제작과 운영이 가능한 방송사를 중심으로 이루어졌고 게임사의 e스포츠팀도 최초 이들과 협업하기 위한 인력 구성으로 시작한 면도 있을 것으로 보인다.

하지만 최근에는 라이엇게임즈사나 블리자드 엔터테인먼트사와 같이 내부 방송과 제작 인력을 보유하는 경우도 있다. 다만 해당 게임사들도 모든 대회와 e스포츠 콘텐츠들을 내부 인력으로 소화하기에는 어렵기 때문에 항상 제작 파트너사와의 협업이 필요하다.

[파트너 회사들을 찾기 위한 일반적인 과정]

① 대회 기획서 작성 및 RFP(Request of Proposal) 작성
② 예비 파트너사들에게 RFP 전달 및 그들의 Proposal 수집
③ 파트너사들의 프레젠테이션 및 내부 의견 수렴
④ 파트너사 선정 및 추가적인 논의 진행
⑤ 계약서 작성 및 업무 시작

① 대회 기획서 작성 및 RFP(Request For Proposal) 작성

대회 기획서에는 앞서 잠시 언급한 대회의 목적과 목표 그리고 일정 등 대회의 주요 정보들이 들어간다. 특정 이벤트 및 홍보를 위한 대회의 경우 큰 틀의 방향성만 제시하고 파트너사들에게 정보 및 의견을 구하는 경우도 있으나, 일반적으로 회사에서 구체적인 목표를 세우고 대회를 진행하는 경우에는 대회에 대하여 구체적인 내용이 담긴 RFP를 전달하게 된다. 또한, RFP와 함께 견적서도 함께 요청한다.

회사 및 담당자가 생각하는 대회의 제작 및 운영 제안서를 받기 위해서는 RFP를 아주 구체적으로 작성해야 할 필요가 있다. 특히 해당 게

임과 e스포츠가 게임사의 담당자에게는 아주 친숙하겠지만 제안 요청을 받는 예비 파트너사의 입장에서는 정보가 부족하거나 생소한 게임일 수 있기 때문에 게임에 대한 소개 및 자료도 함께 첨부해 주면 좋다.

방송 제작 및 대회 운영을 위하여 일반적으로 RFP에 들어가는 내용들은 아래와 같다.

[RFP 주요 내용]

- 회사 및 게임 소개
- 대회 목표 및 개요
- 대회 진행 지역 및 구조
- 대회 진행 장소 (온라인 혹은 오프라인)
- 파트너사가 진행해야 하는 업무 (Role and Responsibility)
- 대회 진행 장소의 선수들 PC 스펙과 인터넷 환경
- 대회 진행 장소의 보안
- 방송 장비와 제작팀 인력 구성
- 대회 운영 위원 및 심판진 구성
- 대회 홍보를 위한 파트너사의 제안 사항
- 예산
- 제안서 제출 마감일과 제출 방법
- 기밀 유지에 대한 당부 및 가이드

② 예비 파트너사들에게 RFP 전달 및 그들의 제안서 수집

RFP 작성이 완료가 되면, 내부 승인 이후 RFP 전달 및 제안서 마감 일정을 잡는다. 마감 일정은 경우에 따라 다르며 같이 업무 수행하는 직장인의 입장에서 가능한 준비할 수 있는 기간을 넉넉히 주는 편이 좋다. 또한 모집 마감일과 시간을 명확히 안내해야 한다. 참고로 필자는 금요일을 모집 마감일로 선호한다. 모집 마감일이 월요일이 되버리면 주말에 추가 근무를 하는 경우가 많았기 때문이다. 하지만 급격히 대회 파트너사를 구해야 하는 경우 혹은 마지막에 변경 사항들이 들어가는 경우 등이 있어 실제로는 기한을 넉넉하게 주지 못하는 경우도 빈번히 일어났다.

회사마다 조금씩 다르겠지만 일정 비용 이상을 집행하는 경우 RFP는 최소 2~3군데 이상의 예비 파트너사들에게 전달해야 하는 내규가 있다. 예비 파트너사의 사정으로 응찰에 참가하지 못할 경우에는 해당 내용을 메일로 받아 남겨 놓는 것이 좋다.

예전 온게임넷, 스포티비와 같은 방송사가 대회 방송 제작 및 운영을 주로 했을 경우에는 새로운 대회에 대한 RFP 전달을 방송사에게 보내고, 방송사들이 경쟁을 벌이는 경우가 많았다. 하지만 최근에는 위에 말한 방송사들이 사실상 방송 제작을 하지 않고 채널만을 유지하는 형태가 되어서 방송 제작 혹은 대회 운영만을 전문으로 하는 제작 업체들에게 연락하는 경우가 많아졌다.

또한 자체 경기장과 방송팀을 운영하는 게임사들도, 모든 대회의 방송 제작과 운영을 내부 리소스로 해결하기에는 한계가 있기 때문에 여

러 파트너사들과 함께 일하는 경우가 많다.

RFP에는 일반적으로 담당자의 연락처가 함께 들어가며, 예비 파트너사들은 추가적으로 궁금한 사항을 메일이나 전화를 통하여 연락할 수 있다. 중요한 내용에 대한 대답을 전달할 경우에는 해당 질문을 하지 않은 예비 파트너사에게도 함께 전달하여, 최대한 공정한 파트너 선정 절차가 이루어질 수 있도록 한다.

③ 파트너사들의 프레젠테이션

보통 제안서 마감 1주일 이내에 파트너사들을 모아 프레젠테이션을 진행한다. 프레젠테이션 진행 시간은 1시간 정도로 잡아 진행하며, 하루 안에 모든 예비 파트너사들의 프레젠테이션이 가능하다면 하루에 몰아 진행하는 경우가 많다.

예비 파트너사가 누구인지 비공개로 진행하는 경우가 많기 때문에 각각의 프레젠테이션에는 30분 정도의 쉬는 시간 및 준비시간을 설정하고, 파트너사들에게 너무 빠른 시간에 오지 않도록 요청하는 경우도 있다.

프레젠테이션 일정은 e스포츠 부서뿐만 아니라 관계 부서들도 참석한 일정으로 잡아 사전에 알리고 최대한 참석하여 여러 의견을 받을 수 있도록 진행하는 것이 좋다.

관계 부서들이 같은 기준에 평가할 수 있도록 평가지를 마련한다. 평가지는 대회의 특성에 따라 여러 항목으로 구성한다. 또한, 회사 및 담당자가 중요하게 생각하는 항목에 가중치를 두기도 한다. 예를 들어

예비 파트너사의 e스포츠 경험, 대회 운영 및 방송 제작 역량, 예비 파트너사만의 창의적인 홍보 전략, 예산안으로 항목을 구성하였을 때, 회사 및 담당자가 가장 중요하게 생각하는 부분이 대회 운영 및 방송 제작 역량이라면 여기에 가중치를 두고 향후 정량적인 평가가 이루어질 수 있도록 한다.

최근에는 코로나로 인한 재택 근무를 실시하는 경우가 많아 프레젠테이션 또한 온라인으로 진행하는 경우가 많다.

④ 파트너사 선정 및 추가적인 논의 진행

파트너사 선정 절차를 통해 만족할 만한 제안서와 파트너사의 제안서와 프레젠테이션이 이루어졌다면, 평가지를 기초로 하여 내부 의견을 모아 파트너사를 선정한다. 가끔 전반적으로 부족한 부분이 있다면 새로운 예비 파트너사들을 구성하여 2차 파트너사 선정 절차를 진행하기도 한다.

파트너사 선정이 완료되면 추가적으로 논의를 진행한다. 앞으로 진행할 업무들의 범위와 예산에 대하여 명확한 합의를 이루어야 향후 파트너사와 함께 업무를 진행하면서 큰 문제가 생기는 것을 방지할 수 있다. 문서로 남겨 놓고 파트너사와 공유해야 한다.

⑤ 계약서 작성 및 대회 준비 시작

상호 합의한 내용에 따라 계약서 초안을 작성하고 내부 승인 과정을 거친 후 파트너에게 검토 요청을 진행한다. 변경 사항이 있을 경우 다시 한번 상호 합의 및 내부 승인 과정을 거쳐야 하기 때문에 최대한 초반에 파트너사의 협의된 내용을 넣는 것이 여러 번 작업하는 것을 피할 수 있다.

예전에는 종이로 인쇄한 계약서 2부(날인 대상 수에 따라 n부가 될 수도 있다)를 준비하여 양쪽 날인을 위하여 서로 퀵을 보내고 했었다. 실제로 계약에 날인을 하실 최종 승인권자의 일정을 확인하고 계약서에 날인을 받는 것도 정말 중요한 업무였다. 계약서 최종 승인권자가 국내에 없는 경우도 있기 때문에 사전에 이 부분에 대한 일정도 준비해 두어야 했다. 최근에는 전자 서명이 널리 쓰이고 있어서 이 단계에서 많은 시간을 아낄 수 있게 되었다.

회사에서 필요한 역량을 갖춘 파트너사를 선정하고 실제로 대회를 진행하는 단계에서는 아래와 같은 업무들을 진행한다.

[대회 운영 사항]

① 대회 규정 작성
② 방송 출연진 확정
③ 공식 발표 및 홍보
④ 대회 진행 및 방송 송출
⑤ 결승전과 해외 대회 출장
⑥ 대회 종료 및 Post-mortem 리포트 작성

① 대회 규정 작성 및 업데이트

대회 규정은 사실 대회를 처음 준비하는 단계에서부터 작성을 시작한다. 참가 자격 조건, 대회 일정 및 진행 방식, 로스터 운영 방식, 게임 진행 방식, 상금 규모와 지급 절차 등 선수 및 관계자들이 모두 알아야 할 내용들이 대회 규정에 들어간다.

또한, 방송 혹은 대회 운영 파트너사를 선정한 이후 파트너사가 대회 및 방송을 원활하게 진행할 수 있는 사항들을 수정 및 추가하여 확정한다. 예를 들어 대회 시작 몇 시간 전까지는 대회 장소에 도착하여 메이크업 및 사전 촬영에 대한 사항을 준수해야 한다는 내용, 방송과 인터뷰 중에 착용해야 하는 복장에 대한 규정 등 상세한 내용이 대회 규정에 들어간다. 최근에는 대회 규정들이 일반인들에게도 모두 공개가 되기 때문에, 여러 규정들을 확인할 수 있다.

● 2021 LCK 서머 대회 규정집

● 2021 카트라이더 리그 시즌 1 규정집

● 2021 오버워치 리그 시즌 로스터 구성

② 방송 출연진 확정

방송이 있는 대회라면 방송 출연진이 매우 중요한 요소 중 하나이다. 출연진은 방송을 이끌어나가는 캐스터, 경기 내용을 자세히 알려주는 해설, 그리고 선수들의 인터뷰를 진행하는 진행자로 구성이 되며, 대회 규모에 따라 특별 게스트 및 경기에 대한 전문적인 분석을 하는 분석실을 마련하기도 한다.

인기 있는 출연진들은 이미 다른 게임과 다른 대회의 일정이 있을수도 있기 때문에, 가능한 빠르게 연락을 취하여 출연 여부를 확인하는 것이 좋다. LCK, OWL과 같이 정기적으로 진행하는 대회의 대표적인 출연진들은 사전에 담당자와 일정에 대한 안내가 갔을 수도 있고, 출연진이 자체적으로 게임과 대회의 우선순위를 정하여 출연을 결정하는 경우도 있다.

조금 지루해질 수 있는 경기의 양상 혹은 예상치 못한 운영상의 이슈로 인한 경기 중단 시 출연진의 재치 있는 입담으로 시청자들에게 다른 즐거움을 줄 수도 있다.

방송 횟수가 많을수록, 그리고 대회 운영 및 제작비가 상대적으로

적을수록 출연료의 비중이 대회 예산에 상당한 부분을 차지하기 때문에 항상 유명 인기 출연진만을 고용할 수 있는 것은 아니다. 물론 일정 중복으로 인하여 다른 출연진이 필요한 경우도 많다. 가끔은 같은 회사 내에서 다른 대회를 진행하는 담당자들끼리 중계진의 출연 여부를 협의하기도 한다. 이를 대비하기 위해서는 항상 다른 출연자들을 염두해 두어야 하며 앞서 이야기한 아마추어 단계의 대회가 필요한 이유이기도 하다. 선수들만 아마추어 대회를 등용문으로 삼아 프로 대회에 진출 하는 것이 아니며 방송 출연진들도 아마추어 대회를 통해 성장하고 프로 대회에 출연하기 위한 발판으로 삼을 수 있다. 또한 게임에 대해서 가장 잘 알고 있는 프로게이머가 은퇴 후 혹은 해당 대회에 참가하지 못한 현역 선수가 대회의 해설을 맡기도 한다

③ 공식 발표 및 홍보

마침내 대회를 실행할 준비가 완료되었다. 함께할 파트너가 정해졌으며, 계약도 마무리하였고 대회를 이끌어 나갈 줄 선수, 팀들을 위한 규정과 방송 출연진의 섭외도 완료가 되었다. 이제 해당 게임의 팬들, 그리고 e스포츠 팬들에게 공식 발표를 진행해야 하는 일이 남았다.

미디어로 보도자료와 더불어 대회의 전반적인 내용을 회사의 공식 채널(웹사이트, 블로그, 소셜미디어)를 통해 지금까지 준비한 사항들을 공식적으로 내보낸다. 대회 명칭으로 시작해서 일정, 경기 방식, 방송 플랫폼과 채널, 중계진, 참여 팀과 선수(혹은 본선 참여 선수를 결정하는 예선전 방식), 상금 규모까지 대회의 주요 정보들을 모두 담는다. 대회를

운영하고 방송을 진행하는 파트너사가 홍보 채널을 운영한다면, 파트너사의 홍보 채널도 함께 활용한다.

PR팀을 통해 배포된 보도자료를 접한 기자들에게 대회에 대한 문의를 받기도 한다. 공개 가능한 정보들을 PR팀과 협의하여 답변을 보낸다. 이렇게 대회에 관심을 보이는 기자들은 대회 진행 중 취재를 올 확률이 높기 때문에 대회 준비로 바쁘더라도 꼭 빠른 기간 내에 PR팀과 함께 응대할 수 있도록 한다.

대회 홍보용 비디오가 준비된 경우에는 유튜브 혹은 다른 영상 플랫폼을 통해 대회의 주요 정보를 시각적으로 공개한다. 일반적으로 홍보 비디오는 공통적인 구성 방식이 있는데, 기존에 진행되던 대회가 있다면 해당 영상 자료와 선수들의 모습, 그리고 게임 트레일러가 조화를 이루어 대회 명칭, 상금, 일정과 같은 주요 정보를 텍스트화하여 내보낸다.

예산이 넉넉하다면 참가 선수들을 따로 초청하여 멋진 CG와 함께 홍보만을 위한 타이틀 비디오를 찍기도 한다. 이러한 홍보 비디오는 대회를 진행하면서도 대회 중간 화면 전환 시에 유용하게 활용된다.

최근에는 개인 방송을 진행하는 방송자들과 인플루언서들이 많은 시청자 수들을 보유하며 영향력이 커짐에 따라, 이들을 초청하여 사전 홍보성 이벤트와 대회를 진행하기도 한다. 홍보용 대회를 통해 방송 구성, 옵저버 등 대회 구성 시 필요한 부분들이 문제없이 잘 작동하는지 확인이 가능하기도 하며, 무엇보다 그들의 유명세를 통해 많은 시청자에게 대회를 홍보할 수 있다.

④ 대회 진행 및 방송 송출

　공식 발표 이후 대회 개막을 앞두고 한창 바빠지는 시기이다. 대회를 준비하는 동안에는 회사 내부의 관계 부서와 대회를 함께 준비하는 파트너사와의 커뮤니케이션이 주를 이루었다면, 이제는 참가할 팀과 선수들, 미디어 등 외부와의 커뮤니케이션 양도 급격히 늘어난다. 그렇기 때문에 이에 많은 시간을 할애하느라 준비해야 할 사항들을 놓치는 일이 없도록 사전에 스케줄 관리 및 해야 할 일에 대한 리스트를 잘 작성해 놓는 것이 좋다. 또한, 관계 부서에게도 스케줄 및 협업 리스트를 공유해서 그들도 사전에 업무의 중요도와 기간을 관리할 수 있는 시간을 주어야 한다.

　오프라인 스테이지에서 대회가 진행되는 경우에는 사전에 참가 팀, 선수들을 모아 리허설을 진행하기도 한다. 선수들마다 쓰는 키보드, 마우스 등의 장비도 다 다르기 때문에 그들의 장비도 함께 테스트를 거친다.

　오프라인 스테이지의 PC도 게임 및 대회 진행이 실제로 진행되었을 때 문제가 없는지 여러 차례 확인을 해야 한다. 특히 대회용 PC는 대회 전용 서버 접속을 위한 클라이언트가 설치되어 있으며 외부로부터의 침투와 혹시 모를 부정 프로그램 사용 방지를 위하여, 사내 보안팀을 통해 관리가 되는 경우가 많다. 이 경우에는 선수들이 쓰는 각기 다른 키보드와 마우스가 원활히 작동할 수 있도록 사전에 드라이버 등의 프로그램 설치가 필요하다.

또한, 선수들마다 마우스 감도 및 모니터 밝기 등을 다르게 사용하기 때문에 실제 대회 진행 시 이 부분이 잘 적용되도록 준비해 놓거나 한 PC에서 다른 2명 이상의 선수가 사용되어야 한다면 보안팀과 함께 경기 준비 시간이 이 부분이 적용되고, 선수가 문제없는지 확인 해야 한다. 실제로 많은 경우가 이러한 과정에서 준비가 원활하지 않아 방송 및 대회 진행 지연을 가져 왔으며, 중계진의 입담에 기대를 해야 하는 경우가 있다.

1년 동안 진행되는 리그와 같이 긴 호흡으로 대회를 진행하는 경우에는 게임상의 패치 일정 확인이 무엇보다 중요하다. 신규 콘텐츠 업데이트, 밸런스 패치 혹은 인-게임 스킨과 같은 패치가 있을 수 있기 때문에 보통은 대회 진행 스케줄은 게임 개발팀과도 계속해서 공유하고 확인하여야 하는 부분이다.

개발팀으로부터 많은 지원을 받는 경우에는 대회용 서버와 테스트 서버 운영이 가능하다. 대회용 서버는 라이브 서버 패치 일정과 다르게 운영하며 진행상의 문제 발생 소지를 최소화하기도 한다. 예를 들어 라이브 서버에 신규 케릭터나 밸런스 패치가 업데이트되었을 경우, 소위 말하는 Over Power 케릭터가 나올 수도 있으며, 게임상의 불균형을 가져오는 경우도 있다. 또는 특정 인-게임 스킨의 경우 시각적으로는 아주 화려하고 멋있어서 많은 유저의 구매욕을 일으키기도 하지만, 플레이 하는 선수들에게는 방해가 되기도 한다.

대회용 서버가 따로 마련되어 있다면 이러한 라이브 서버의 패치와 선수들의 의견을 들어보며 패치 업데이트 일정을 조정할 수 있으며, 특정 케릭터 금지라든지 인게임 스킨 사용 금지와 같은 규정을 추가할 수 있다.

새로운 패치뿐만 아니라 대회를 진행하며 계속해서 선수들의 의견에 귀를 기울이는 것이 대회 운영상 큰 문제를 방지하거나, 대회의 질적 발전에 도움이 되는 경우가 있다. 아무리 현장에서 준비하고 지켜보고 있지만, 실제로 대회에 참가하는 선수들은 여러 가지 의견을 갖고 있다. 예를 들어 대회장에 특정 물품 및 편의사항에 대한 개선이 필요 하던가 혹은 앉고 있는 의자가 불편한 수도 있으며, 현장 라이트 조명이 눈이 부시는 경우도 있다. 대회 규정에 대하여 의견을 갖고 있는 선수들도 있으며, 실무자가 생각지 못한 사항에 대해서 의견을 갖고 있는 경우가 여러 번 있다. 대회 규모와 참가 선수단의 규모가 클수록 이러한 의견을 받는 일은 매우 중요하기 때문에 담당자를 배정하여 대회를 진행하기도 한다.

대회를 후원하는 스폰서가 있다면, 대회를 진행함과 동시에 스폰서와의 의사소통도 매우 중요하다. 사전에 양사가 합의한 계약 내용에 따라 스폰서의 로고나 제품이 대회장과 방송 화면에 문제없이 노출이 되고 있는지, 중간 휴식 시간에 광고 영상은 제대로 송출이 되며 스폰서와 약속한 횟수에 맞게 나가고 있는지 등 항상 확인하고 진행해야 한다. 대회 시청자 수, 참가자 수 등에 대한 정보를 스폰서에게 공유해야 하는 경우도 있다.

e스포츠 부서 및 대회 규모가 크다면 스폰서 관리 및 해당 비지니스를 담당하는 부서와 인원이 있다. 비즈니스팀과 스폰서의 요구 사항

들이 모두 대회 진행시 적용될 수 있는 것은 아니기 때문에 사전에 부서 간의 협의에 많은 시간 할애하는 경우도 발생한다. 예전에는 담배, 주류, 성인물, 가상화폐에 대한 항목에 대해서는 스폰서십을 금지하는 경우가 많았지만, 주류와 가상화폐와 같은 경우에는 점차 제한이 풀리고 있기도 하다. 최근에는 해외 유명 구단들이 큰 가상화폐 스폰서를 받기도 하며, 북미 리그 오브 레전드 프로리그 LCS의 경우 가상전자 거래소 FTX와 후원 파트너십을 맺기도 했다.

● 방송 송출

방송사를 중심으로 e스포츠가 진행되던 예전에는 OGN, SpoTV와 같은 케이블 채널 TV가 주 방송 송출 플랫폼이자 채널이었다. 하지만 방송 송출에 대한 라이선스를 점차 지적재산권을 보유하고 있는 게임사가 관리함에 따라, 그리고 유튜브와 트위치TV, 아프리카TV 등의 온라인 대중화됨에 따라 온라인 방송 플랫폼과 채널이 주된 방송 채널로 자리 잡았다. 케이블 TV 채널에서 방송을 할 수 있는 권한을 게임사로부터 부여받은 경우에는 케이블 TV 채널을 통해서도 대회 시청이 가능하다.

게임사는 온라인 플랫폼마다 게임별 공식 채널을 마련하며, 주 방송 플랫폼과 채널로 활용한다. 온라인 채널의 경우 구독과 알림 기능이 있기 때문에 신규 대회를 진행하는 경우에도 기존 채널의 영향력에 더 많은 시청자 수를 기대할 수 있다. 그렇기 때문에 본 방송 뿐만 아니라 홍보 영상, 부가 컨텐츠 등을 꾸준히 제공하며 공식 채널을 성장시키는 것이 목표가 되기도 한다.

온라인 플랫폼이 주요 방송 채널이 됨에 따라 보다 평균 동접자 수, 최대 동접자 수, 전체 시청자 수 등의 시청 수치가 더 정확히 수집이 가능하며 이는 e스포츠와 대회 진행에 주요 성과 지표로 삼는다.

시청 수치를 살펴보며 e스포츠의 성장세 혹은 성장 가능성에 대해 많은 기사가 나오기도 한다.

지난 8월 28일 담원 기아와 T1이 맞붙은 2021 리그 오브 레전드 챔피언스 코리아 서머는(이하 2021 LCK 서머) 무려 350만의 최고 동시 시청자 수(Peak Concurrent User)와 평균 동시 시청자 수(Average Concurrent User)가 160만여 명으로 모두 역대 최고의 기록을 갱신했다고 나온다. 또한, 2021 LCK 서머 시즌의 최고 동시 시청자 수는 71만 명으로 지난 스프링 시즌에 비하여 12% 늘어났다고 한다.

● 방송 채팅 관리

주된 방송 플랫폼이 온라인 채널로 바뀜에 따라 대회 방송을 관리하는 측면에서도 큰 차이가 있다. 기존 케이블 TV는 일방적인 커뮤니케이션이다. 하지만 온라인 방송 채널의 시청자들은 채팅을 통해 의사소통 및 방송 참여가 가능하다. 이러한 특징을 잘 활용한다면 시청자들에게는 TV 채널과 차별화된 콘텐츠와 이벤트 제공이 가능하다.

대회 홍보 및 시청자 강화 측면에서 주로 활용하는 이벤트는 시청 시간에 비례하여 혜택을 주는 것이다. 시청 시간이 많을수록 포인트를 쌓아 경품에 응모할 수도 있고, 특정 시청 시간을 채우면 인게임 코드를 받을 수도 있다. 또는 시청자는 온라인 플랫폼 내의 기능을 활용하여 직접적으로 대회 및 참가 선수에 대한 후원도 가능하다. 물론 이런 후원이 진행된 경우에는 특정 이모티콘과 같은 보상이 지급되기도 하며, 채널 내 리더보드를 통하여 후원 순위가 표시되기도 한다.

대회를 진행하는 실무자 입장에서는 온라인 플랫폼의 기능적인 업데이트와 최근 트렌드에 따라 이벤트를 기획하여 시청자 수치를 강화하는 방면에도 신경을 써야 하지만, 더욱 중요한 사항은 채팅에 대한 관리다. 온라인의 특성상 익명으로 채팅에 참여하기 때문에 비속어를 포함한 적절치 못한 언어와, 참여 선수들에 대한 도를 넘은 비난이 빈번히 이루어질 수 있기 때문에 이를 사전에 차단하고 관리해야 한다. 채팅에 대한 관리가 내부 유관 부서에서 이루어지든, 외부 파트너사를 통해 이루어지든 대회 준비와 동시에 실시간 방송 채팅 및 모니터링에 대한 관리 주체를 명확히 하여 대회를 진행하는 것이 좋다. 다행히도 온라인 플랫폼 자체 채팅 관리 기능 및 3rd party 프로그램을 통한 채팅 관리 프로그램이 많이 있기 때문에 이를 활용한다면 한결 수월하게 채팅 관리가 가능하다.

⑤ 결승전과 해외 대회 출장

연간 리그를 진행하는 경우에는 시즌마다 결승이 있으며, 중간에 글로벌 이벤트가 존재하기도 한다. 결승전과 글로벌 이벤트를 준비하는 것은 대회를 진행함과 동시에 다른 대회를 하나 더 준비하는 것과 같다.

많은 현장 관객을 받기 위해 기존 대회장에서 벗어나 여러 장소를 물색하기도 하며, 해당 이벤트를 위하여 별도의 외부 파트너와 계약을 진행하고 업무를 진행하기도 한다.

● 결승전 진행

국내 대회를 기준으로 한다면 짧게는 하루 혹은 길게는 수일에 거쳐 결승전 및 플레이 오프를 진행한다. 새로운 장소를 대관하고, 추가적인 운영 및 이벤트를 진행하는 결승전은 많은 예산이 들지만 선수 및 참가자들, 그리고 해당 e스포츠의 팬들에게는 축제의 장이기 때문에 업무를 진행하는 실무자 입장에서도 항상 가슴이 뜨거워지고 기억에 많이 남는 이벤트 중 하나이다.

앞서 이야기한 바와 같이 결승전 혹은 글로벌 이벤트는 대회를 한 번 더 준비하는 것과 같다. 대관 및 무대 제작, 현장 운영에 많은 리소스가 필요하기 때문에 내부 관계 부서의 많은 협조도 필요하며, 외부 파트너사들과 추가적으로 여러 계약이 오고 가기도 한다.

결승을 진행하는데 있어 우선 가장 먼저 해결해야 하는 곳은 장소를 물색하는 것이다. 장소마다 특정 규정 및 제한 사항을 지니고 있는 경우도 있기 때문에 많은 확인이 필요하다. 예를 들어 올림픽공원 내 경기장은 별도의 대관 운영 규정을 갖고 있으며, 대관 우선 배정, 신청 시기, 대관 심사위원회와 같은 내용에 대해서 안내하고 있다. 혹은 특정 호텔의 대연회장 같은 장소를 빌리는 경우에는 무대 제작에 대한 설치가 매우 한정적일 수 있다. 최근에는 부산, 광주, 대전 지방자치단체의 전용 경기장도 설립이 되어 이를 활용하는 방안도 생각해 볼 수 있다. 장소 물색에 있어 고려해야 할 사항들은 다음과 같다.

- 준비 및 퇴거를 포함한 일정
- 수용 인원
- 인터넷, 통신 및 전기 사용 가능 범위
- 무대 제작 및 대형 화면 설치 가능 여부 확인
- 방송 제작 및 현장 업무를 위한 공간
  (방송 제작, 옵저버룸, 대회 운영실, 미팅룸 등)
- 대회 운영을 위한 공간 (선수 대기실, 연습실, 기자실, VIP룸 등)
- 날씨에 따른 온도 조절 장치 가동 여부 확인
- 스폰서를 위한 제품 노출 및 홍보 공간
  (스폰서십 계약 사항에 포함되어 있다면)
- 관객들의 접근 동선 및 편의 시설, 화장실

결승전을 위한 팀, 선수들의 프로필 촬영, 그리고 결승전을 위한 홍보 영상 등에 대한 준비도 놓치지 말아야 한다. 가끔 결승전 1경기만을 위하여 장소를 물색하고 무대 설치부터 사전 홍보까지 모든 업무를 잘 진행하고 막상 경기가 너무 일방적으로 끝나는 경우가 있다. 승리를 거둔 팀과 선수에게는 분명 축하해야 할 일이지만 대회를 준비한 담당자들에게는 분명 아쉬워질 수 있는 부분이다. 결승전 방송 시간 및 시청 수치와 같은 지표들도 미처 오르지 못한 상태로 끝나기 때문이다.

위와 같은 경우를 방지하고 최소한의 결승전 방송 시간을 확보하기 위해서 경기 분석 데스크를 따로 운영하기도 하며, 사전 인터뷰와 하이라이트 같은 영상을 편성하기도 한다.

결승전은 리그의 하이라이트이자 모든 지표와 성과가 가장 높게 나올 수 있는 경기이다. 그렇기 때문에 결승이 끝나면 바로 지표를 모아 보도자료를 배포한다면 성공적으로 대회를 진행했다는 것을 널리 알릴 수 있는 기회이다. 이 때문에 PR을 담당하는 부서 혹은 담당자와 사전에 이에 대한 계획을 세워놓는 것이 필요하다.

지극히 주관적일 수 있지만, 필자의 경험에서 나오는 내용으로 한 가지 꼭 말하고 싶은 내용이 있다. 예산이 허락하는 한도 내에서 전문 사진작가를 고용하기를 바란다. 방송 제작사 직원, 혹은 게임사의 직원이 카메라로 찍는 것보다 정말 좋은 사진을 남길 수 있다. 남는 것은 사진이라는 말도 있듯이 전문 사진작가가 남겨 놓은 결승전 현장 사진은

후에 여러모로 요긴하게 쓰인다. 해당 대회에 대한 리포트는 물론이고 심지어는 직접적인 관련이 없는 경우에도 사진이 보여 주는 멋지고 적합하여서 다양하게 활용되는 경우도 많다.

● 해외 대회 출장

개인적인 경험으로는 게임사에서 가장 해외 출장이 많은 부서가 e스포츠로 생각된다. 국내 연간 리그를 진행하면서도 중간중간에 있는 국가 대항전 혹은 대륙 간 컵과 같은 대회들이 아시아, 유럽, 북미 세계 곳곳에서 열린다. e스포츠에 워낙 강세를 보이는 한국 선수들 덕분에 대회가 있을 때마다 한국 선수들과 함께 출장을 간 것으로 기억하며, 워낙 한국 선수들이 좋은 성적을 거두기 때문에 결승전이 끝날 때까지 쉰 적이 거의 없었던 것 같다.

해외 대회 출장을 가게 되면, 주로 담당하는 것은 한국팀과 선수들에 대한 관리였다. 예전에는 비행기 티켓 예매를 위하여 선수들의 개인정보를 직접 여행팀에 전달하기도 하였는데, 최근에는 워낙 개인정보 보호가 강화되어 선수들이 직접 개인정보를 입력하고 일정을 확인하고 비행기 및 숙소를 예매할 수 있는 플랫폼을 활용하였다. 물론 플랫폼이 있다고 하더라도 팀과 선수들이 해당 과정을 잘 마쳤는지 확인하고 가이드를 주는 것은 필수다. 이후 공항에서 팀, 선수들과 함께 출국하여 입국 수속을 밟고 준비된 셔틀을 타고 숙소에 도착한다.

숙소에 도착하고 보통 그날 바로 현지 담당자들, 그리고 필자와 같이 출장 온 다른 지역의 담당자들과 함께 대회 진행에 대한 미팅을 한다.

미팅에서는 프로필 촬영 및 인터뷰 일정, 식사, 연습 장소, 동선, 셔틀 등 선수들이 알아야 할 모든 정보와 그리고 대회 담당자들이 알아야할 선수들의 특이 사항을 체크한다. 특히 한국 선수들은 보통 식사에 대하여 특이 사항은 거의 없는 편인데, 사실 필자의 경우에는 한국 선수들에게 음식에 대한 특정 요구 사항을 받아 본 적이 없다(가끔 한식당에 데려다 달라고 한 것을 뺀다면). 다른 지역의 선수들은 특정 음식에 대한 알레르기, 채식주의 혹은 반대로 채식을 못 하는 경우도 있다. 이러한 점들은 분명 한국에서 글로벌 대회를 준비하는 경우에도 사전에 확인하고 외부 음식을 준비하는 파트너사에게 확실히 주지시켜 주어야 하는 부분이다. 또한, 가끔은 예배 시간과 같은 종교적인 요청 사항이 있을 수 있기 때문에 이 부분도 사전에 확인이 필요하다.

대회 운영과 외부 파트너사와의 의사소통 등 전반적인 부분은 해당 지역의 담당자 및 부서에서 이루어지는 경우가 많으며, 출장을 온 다른 사무실의 담당자들은 주로 해당 지역의 선수와 팀 관리를 맡는 경우가 많다. 또한, 대회 공식 사이트 관리, 방송 출연진 관리, 현장 및 방송상에서의 브랜딩 관리 등 해당 지역의 담당자가 요청하는 역할을 수행한다.

대회의 규모가 크다면 여행 및 숙박을 전문으로 담당하는 부서나 담당자가 있어 그들과의 커뮤니케이션을 통해 선수들과 출입국을 함께

하지만, 가끔 정말 작은 규모의 대회에서는 직접 공항에 선수들을 마중 나가기도 한다. e스포츠 업무를 하면서 하나부터 열까지 모든 것들을 다 해보는 것도 하나의 즐거움인 것 같다.

⑥ 대회 종료 및 Postmortem 리포트 작성

앞서 e스포츠 직무를 소개하면서 잠시 언급했듯이 게임사도 IT 기업에 속해서 그런지 IT 기업에서 쓰는 전문 용어들이 많이 쓰인다. 물론이는 회사마다 다를 수 있지만 개인적인 경험에 의하면 대회가 종료되고 Postmortem의 과정을 거쳐 리포트를 작성한다. 여기서 Post란 우리말로 '후'라는 뜻이며, 모템은 '죽음'을 뜻한다. 즉 죽은 후에 작성하는 보고서라는 뜻을 지니게 되지만, 본질적으로는 종료된 대회의 성과를 측정하고 다음 대회를 더 잘하기 위함이다.

e스포츠 자체가 하나의 상품이자 서비스로 내외부로 여러 관계자들과 협업을 진행해야 하다 보니 그 커뮤니케이션양이 어마어마하다. 크고 작은 커뮤니케이션과 의사 결정들은 대회의 성과에 긍정적으로 부정적으로도 영향을 미쳤을 것이다. 이러한 직, 간접적인 원인을 모두 확인하기 위해서 Postmortem과 같은 과정을 거쳐 마지막 리포트를 작성하며, 아래 내용을 토대로 포스트모템을 진행하면 좋다.

내, 외부 업무 관계자와 모두 함께 미팅을 진행한다. 일부 팀 혹은 관리자급만 모일 경우에는 작지만 중요한 사항들을 놓치거나 한쪽에 치우쳐 대회를 바라볼 수 있다.

잘한 일과 잘못된 일 모두를 생각하고 살펴본다. 잘한 일은 다음 e스포츠 프로그램에서도 유지하며 계속 발전시키고, 잘못된 일은 반드시 개선할 수 있는 방향에 대해서도 함께 논의한다.

시간의 순서를 기준으로 어떤 의사소통이 있었으며, 그에 따라 어떻게 의사 결정이 있었는지를 분석한다. 이로써 복잡해 보이는 인과관계로 도출된 결과물도 하나씩 분석을 하며 무엇이 잘되었고 잘못되었는지 확인할 수 있다.

위와 같은 과정을 통해 나온 리포트는 유관 부서 및 다른 지역의 팀에게도 공유하여 대회 성과 및 진행 과정에서 어떤 특이 사항들이 있었는지 그리고 이를 개선시키기 위하여 어떤 노력이 있었는지 알린다.

일련의 과정을 거쳐 전체 미팅을 진행하고 보고서를 공유함에 따라 대회 자체의 개선 방향도 찾을 수 있을뿐더러 향후 다음 대회를 신행하는 데 있어 연관 부서에게 협조를 구하는 것도 한결 편해진다.

Cross **4**

e스포츠
밸류에이션
(Valuation)

e스포츠의 산업적 가치와 시너지,
그리고 미래

– 박세정(경영학자–벤처캐피털리스트)

1

콘텐츠 산업과 e스포츠

스트리밍 서비스의 발전에 따른 e스포츠 콘텐츠의 성장

(1) e스포츠 산업 규모의 폭발적인 성장세

e스포츠는 그야말로 하나의 거대한 산업으로 성장해 왔다. 이것은 디지털 기술과 디지털 문화의 성장 및 확장과 함께 이루어진 매우 커다란 흐름이다. 또한, 디지털 시대에 엔터테인먼트와 스포츠의 질묘한 결합이다. 게임과 스포츠는 시대와 세대, 계층을 넘어 사람들을 한데 모으고 열광케 하지 않는가. 이러한 게임과 스포츠, 둘을 하나로 합한 것이 e스포츠이니 이른바 디지털 트랜스포메이션(Digital Transformation, 디지털 전환) 시대에 그 사회적, 문화적, 산업적 및 대중적 영향력이 막강하지 않을 수가 없다.

e스포츠는 앞으로도 새로운 기술과 서비스, 콘텐츠와 시너지를 내면서 세를 넓혀갈 것이다. e스포츠의 성장세를 보면 특히 온라인에만 국한되지 않았던 것이 주효했다. 온-오프라인을 아우르며 고부가가치의 복합적 산업으로 성장한 것이다. 이러한 복합적 산업으로서 e스포츠의 규모는 미래 시장에서 더욱더 확대될 것이다.

현재까지 e스포츠의 성장 동력은 무엇이었나? KB금융지주 경영연구소의 《KB 지식 비타민: e스포츠, 성장할 수밖에 없는 미래 시장》에 따르면, e스포츠는 다음 세 가지 요소 덕분에 대중화에 성공했다.

① 스타크래프트에서 리그오브레전드로 히트 게임의 연속적 출현
② 스타 프로게이머들의 탄생
③ 게임 중계 환경의 다양화

이러한 주요 성장 동력에 힘입어 e스포츠는 K팝처럼 한국을 대표하는 글로벌 브랜드가 되었다. 오프라인에서 단일 경기 10만 관중 시대를 열었을 정도로 시장이 폭발적으로 커졌는데, 이는 일반 프로스포츠를 뛰어넘는 흥행 능력이다. 프로게이머들의 몸값도 천정부지로 치솟고 있다.

국내에서 e스포츠의 규모는 날로 확대되고 있다. 한국콘텐츠진흥원의 《2020 e스포츠 실태조사》에 따르면, 2019년 국내 e스포츠 산업 규모는 약 1,400억 원으로 추정된다. 2015년부터 2017년까지를 제외하고는 매년 두 자릿수 이상 성장해 왔다. 종목사의 투자는 2019년 604억 원으로 전년 대비 38% 늘었다.

e스포츠는 국내에서뿐 아니라 세계적으로도 크게 성장해왔다. 게임 & e스포츠 시장조사 전문기업 뉴주(Newzoo)에 따르면, 2020년 글로벌 e스포츠 시장 규모는 약 1조 2,164억 원으로 전년 대비 15.7%의 성장률을 보였다. 2019년에는 전년 대비 9.9% 증가했고, 2015년도부터 매년 10~30%로 고속 성장하고 있다. 연평균 성장률은 약 30%에 달하는데,

향후 연평균 성장률을 10%로 잡으면 2025년에는 1조 9,590억 원의 시장 규모를 이룰 것으로 예상된다.

다만 국산 게임만을 보면 글로벌 시장에서 위상이 점점 낮아지고 있다. 2019년 기준 한국 게임의 세계 시장점유율은 전년보다 0.1% 줄어든 6.2%로 미국(20.1%), 중국(18.7%), 일본(11.8%), 영국(6.3%)에 이어 5위를 차지했다.

2000년대 중반과 비교하면 국산 게임의 하락세는 더욱 눈에 띈다. 2005년에는 세계 시장점유율이 12%가 넘었다. 또한, 온라인 게임만 치면 점유율이 50%를 웃돌던 때도 있었다. 한국 게임의 이러한 쇠퇴는 게임사들이 공격적으로 신규 IP(Intellectual Property, 지적재산권)를 개발하지 않고 글로벌 진출에 소극적이었던 것이 주원인이다. 국내 게임 산업에서 세계적으로 경쟁력 있는 게임을 개발하는 것은 e스포츠 산업의 미래를 위해서도 시급한 과제다.

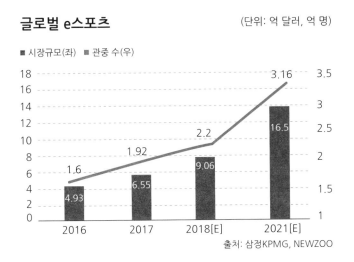

글로벌 e스포츠   (단위: 억 달러, 억 명)

■ 시장규모(좌) ■ 관중 수(우)

출처: 삼정KPMG, NEWZOO

영국의 일간지 〈데일리 텔레그래프〉는 전 세계적으로 e스포츠의 산업 규모가 지속적으로 확대되고 있는 것에 대해 "전 세계 스포츠팬들이 각종 스포츠 대회의 빈자리를 e스포츠로 채우려 한다"며 "영화나 책 같은 콘텐츠가 어느 정도 대안이 되겠지만 사람들은 승부를 겨루는 스포츠를 보는 것을 좋아한다"고 분석했다.

e스포츠는 게임 산업과 함께 성장한다. 한국콘텐츠진흥원이 발간한 《2020 대한민국 게임백서》에 따르면, 2019년에 국내 게임 시장 규모는 15조 5,750억 원으로 전년 대비 9.0% 증가했으며, 약 7조 5,008억 원 규모의 무역수지 흑자를 달성했다. 이는 국내 전체 무역수지 흑자의 16.5%를 차지하는 것이다. 이처럼 게임은 K팝, 한류 드라마, 그 밖에 다른 문화 콘텐츠를 전부 합쳐도 따라오지 못할 만큼 한국을 대표하는 수출 품목이 되었다.

코로나19 사태로 일반 스포츠는 활동이 제한된 반면 게임 콘텐츠에 대한 관심은 더욱 고조되었는데, 이에 따라 새로운 형태의 게임 콘텐츠에 대한 욕구 또한 커졌다. 게임 장르와 플랫폼의 다양화가 요구되는 시점인 것이다. 이러한 노력이 뒷받침된다면 국내 게임사는 세계적으로 도약할 수 있을 것이다.

2021년 전 세계 가상현실(VR)·증강현실(AR) 관련 기기 출하량은 전년(470만대) 대비 82.3% 증가한 860만 대에 달했다. 2025년에는 5290만 대 규모까지 커질 것이라는 예측도 있다. 전 세계 클라우드 게임 시장 규모 역시 2020년 약 6,737억 원에서 2023년에는 8배인 약 5조 3,899억 원까지 확대될 전망이다.

국내 게임 업계도 MMORPG(Massive Multiplayer Online Role Playing Game)에 치우친 산업 구조에서 벗어나기 위해 새로운 장르와 플랫폼 개발을 위한 행보에 나섰다. 펄어비스가 2020년 '게임스컴 2021'에서 처음 선보인 '도깨비'는 오픈월드 액션 어드벤처라는 새로운 장르로 해외 유저들에게 호평을 받았다. 펄어비스는 차세대 신형 게임 엔진으로 현실과 가상공간을 넘나드는 화려한 오픈 월드를 구현한다는 계획이다.

조만간 클라우드 기반의 AI와 XR(확장현실)이 접목된 장르도 나올 것으로 예상되는데, 이처럼 새로운 장르와 플랫폼 개발을 통해 게임 플레이어들에게 새로움과 즐거움을 선사한다면 e스포츠 산업의 저변 확대에 크게 기여할 것이다.

(2) 플레이하는 게임에서 관람하는 게임으로

게임 산업은 직접 플레이를 하는 것뿐 아니라 게임을 관람하는 문화가 확대되면서 사업 범위가 더욱 넓어지고 있다. 이것은 e스포츠 산업에 있어 주목할 만한 변화다. 최근 게임방송 이용자들은 본인이 직접 플레이를 하지 않더라도 게임 중계방송 콘텐츠를 보는 것만으로도 충분히 흥미를 느낀다.

게임 중계 시장은 e스포츠의 성장과 더불어 발전하고 있는데, 공중파 방송에서는 게임 전용 방송을, 개인방송 플랫폼에서는 게임 스트리밍을 통해 수익을 낸다. 이러한 추세에 부응하여 정부는 e스포츠를 핵심 사업으로 선정하고 수도권과 지방의 균형 발전을 추구하고 있다.

그 한 예로 국내 e스포츠 경기장의 경우 기존에는 서울에 집중되어 있었는데, 서울 이외의 지역인 부산, 광주, 대전 등에 정부 투자로 e스포츠 경기장이 설립되었다. 이처럼 각 지역에 e스포츠 경기장이 설립되면 지역 연고제를 바탕으로 관람 및 응원 문화가 형성되면서 세계적인 대회나 가족 페스티벌 등 다양한 e스포츠 대회를 개최할 수 있게 될 것이다.

'플레이하는 게임'에서 '관람하는 게임'으로의 변화는 괄목할 만한 수준으로 이루어지고 있다. 한 예로 2017년 9~11월 리그 오브 레전드 챔피온십의 국내 누적 시청자 수는 단 2개월 동안에 8천만 명이 넘었다. 이것은 국내 프로야구 6개월간 시청자 수와 비슷한 수치다. 게임 중계방송에 대한 관심이 일반 스포츠 경기를 뛰어넘은 것이다. 골드만삭스에 따르면, 글로벌 e스포츠 시청자는 2018년 기준 1억 6,700만 명으로 이미 메이저리그 야구경기 시청자 수(1억 1,400만 명)를 넘어섰다.

특히 젊은이들 사이에서 스포츠 경기를 관람하듯 프로게이머들의 경기를 스트리밍으로 보는 것이 유행하면서 이들을 겨냥한 콘텐츠들이 떠오르고 있다. 세계 최대의 동영상 사이트 유튜브의 전체 비디오 가운데 약 15%가 게임 관련 카테고리에 속해 있으며, 게임 전문 방송 트위치TV도 한 달 평균 방문자 수가 4,500만 명을 넘는다.

글로벌 라이브 스트리밍 업체 스트림랩에 따르면, 2018년 게임 스트리밍 시장 규모는 약 11조 3,000억 원에 달한다. 스트리밍 서비스가 성장하면서 e스포츠 역시 그 영역과 규모가 확장되고 있는 것이다. 스트리밍 콘텐츠와 e스포츠 간의 시너지는 그야말로 엄청나다. 특히 스마트폰이 스트리밍 콘텐츠를 보는 주요 수단이 되면서 이러한 추세는 가속화하고 있다.

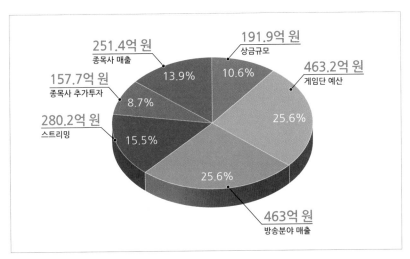

251.4억 원
종목사 매출

157.7억 원
종목사 추가투자

280.2억 원
스트리밍

191.9억 원
상금규모

463.2억 원
게임단 예산

463억 원
방송분야 매출

13.9%
10.6%
8.7%
25.6%
15.5%
25.6%

▲ 2019년 〈확장〉 e스포츠 산업 규모 구성

출처: 한국콘텐츠진흥원, 《2020 e스포츠 실태조사》

이에 따라 국내 이동통신 3사는 e스포츠를 5G 서비스의 킬러 콘텐츠로 육성하고 있다. 초고속 5G 통신망을 활용하면 스마트폰으로도 PC나 콘솔에서만 이용 가능했던 고용량 게임을 할 수 있다. 이동통신사들은 게임방송 중계에도 심혈을 기울이고 있다. SK텔레콤은 OTT(Over The Top: 인터넷을 통해 볼 수 있는 TV 서비스) '웨이브'에서 '2020 리그 오브 레전드 챔피언스 코리아(LCK)'를 생중계했는데 가상현실(AR), 증강현실(VR) 생중계로 현장감을 살렸다.

LG유플러스는 'U+게임Live'라는 5G 게임방송 서비스를 제공하고 있다. 시청자가 자신이 보고 싶은 선수의 경기 화면을 선택해서 볼 수 있는 '멀티뷰', 놓친 장면을 돌려 보는 '타임머신', 빠르게 지나간 장면을 느린 속도로 시청할 수 있는 '슬로비디오' 등의 기능을 구비해 놓았다.

2017년 옥수수(예전 Btv 모바일)에서 두 달간 오버워치 전국 대학 경쟁전 대회를 생중계했을 때 누적 시청자 수는 20만 명에 달했다. 특히 20, 30대가 주로 OTT를 통해 영화와 드라마, 스포츠를 시청하는데 e스포츠도 OTT 플랫폼의 주요 콘텐츠로 자리 잡게 될 것이다.

한국콘텐츠진흥원이 발간한 《2020 e스포츠 실태조사》의 조사팀의 제언은 e스포츠의 미래 성장 동력을 모색하는 데 많은 시사점을 준다. 조사팀은 국내 e스포츠 산업에 대해 "사업 규모는 커졌지만 스포티비 게임즈 폐국, 넥슨 아레나 폐장, 킬러 콘텐츠 확보에 어려움을 겪는 OGN 등 안 좋은 소식이 많다"면서 "리그 오브 레전드 프랜차이즈에 많은 투자가 이어지고 있지만, 다른 종목은 e스포츠 산업의 원동력이 되기에는 아직 추가적인 증명이 필요하다"고 설명했다. 또한, 조사팀은 "대부분 대회가 종목사 위주로 제작 송출되어 명확한 계획이 없으면 지역 경기장 활용이 비판적인 시선에 노출될 가능성이 있다"면서 "지역 e스포츠 경기장 활용을 위해 전문가와 관계자 의견을 청취해 중장기 계획을 만들어야 한다"고 강조했다.

일반 스포츠처럼 코로나19의 영향을 받는 대신 오히려 비대면 시대의 주요 콘텐츠로 떠오른 e스포츠는 향후 주력 스포츠 콘텐츠로 자리매김할 가능성이 높다. 정부의 적극적이며 실효성 있는 관심과 지원이 필요한 이유이다.

한국 정부의 지원 사례를 살펴보면, 2021년 9월 개막한 '배틀그라운드'의 글로벌 e스포츠 대회인 크래프톤 펍지 스튜디오 'PUBG: 배틀그라운드'의 '펍지 콘티넨털 시리즈 5(PCS5)'의 경우 한국방송통신전파진흥원(KCA)의 빛마루방송지원센터에서 제작 지원했다. 이번 대회로 다섯 번째 시즌을 맞이한 PCS5는 아시아(한국·중국·일본·대만), 아시아퍼시픽(동남아시아·오세아니아), 유럽, 아메리카(북미·남미) 등 4개 권역으로 나누어 온라인으로 진행되었다. 출전 팀들은 권역별 25만 달러씩 총 100만 달러(약 11억 5,000만 원)의 상금을 놓고 승부를 겨루었다.

▲ 펍지 콘티넨털 시리즈 5(PCS5) 대회

한국방송통신전파진흥원은 유튜브, 네이버TV, 틱톡, 트위치, 아프리카TV 등 다양한 OTT를 통해 수백만 명의 세계 e스포츠 팬들이 PCS5를 시청할 것으로 예측한 바 있다. 빛마루방송지원센터는 중소 방송 제작사의 안정적인 방송 제작 환경을 제공하기 위해 2013년 말에 설립된 것으로 e스포츠 대회 중계, 비대면 컨퍼런스, 온라인 콘서트 및 팬미팅 등 비대면 OTT 콘텐츠 제작 지원을 지속적으로 확대하고 있다.

이러한 시도가 있기는 하지만 아쉬운 것은 여전히 한국 정부의 게임 산업 진흥정책은 제작비 지원에 치중되어 있다는 것이다. 게임산업은 4차 산업혁명 시대에 한국의 경제를 책임질 핵심 산업이 될 것이다. 이제는 이미 제작비 규모가 상당히 커지기도 했고 정작 제작비 지원이 필요한 중소 게임 업체에는 지원이 잘 안 되는 측면도 있기 때문에 게임 개발사에 대한 세제 지원 같은 다른 차원의 정부 지원책도 모색해야 한다.

프랑스와 캐나다 온타리오 등 일부 주에서는 게임 개발에 대한 세액 공제가 있고, 영국도 추가적인 세금 감면을 고려하고 있다. 독일은 연방 정부에서 직접 세제 지원을 하지는 않지만 주 단위 콘텐츠 진흥기관에서 개발비를 상환해 준다. e스포츠 산업의 지속적인 성장을 위해서는 보다 거시적, 장기적 관점에서 정부의 역할을 재정의할 필요가 있다.

(3) 스트리밍 서비스의 현황과 전망

e스포츠는 앞으로도 스트리밍 서비스와 함께 성장해 나갈 것이다. 스트리밍 서비스의 현재와 미래를 살펴보아야 하는 이유이다. 우선 OTT에 대한 이해가 기본이다. OTT는 Over The Top의 줄임말로 서비스 제공업체가 소유하지 않은 네트워크망으로도 송신이 가능한 사업자를 일컫는다. 그 예로 넷플릭스, 유튜브 프리미엄, 아마존 프라임비디오 등이 있다. 인터넷 스트리밍 시장의 대부분을 차지하는 주문 비디오(VOD)는 수익 모델에 따라 넷플릭스처럼 구독 방식인 SVOD, 유튜브처럼 기본은 무료이지만 광고를 보아야 하는 AVOD, 볼 때마다 결제하는 TVOD가 있다.

주니퍼리서치의 《OTT TV & 비디오 스트리밍: 진화 추세, 미래 전략 및 시장 전망 2020~2025》 보고서에 따르면, 2025년 VOD 활성 구독자 수는 2020년 말보다 65% 증가한 20억 명으로 예상된다.

앱애니의 2020년 3분기 집계에 따르면, 국내 이용자가 가장 많이 시청한 서비스는 유튜브였다. 2위는 아프리카TV, 3위는 트위치, 4위는 웨이브, 5위는 넷플릭스, 6위는 티빙, 7위는 유튜브 키즈, 8위는 KT의 시즌, 9위는 U+ 모바일TV, 10위는 네이버TV였다. 11위는 국내 OTT 플랫폼인 왓챠였다. 실사용자 규모나 총 사용 시간에서는 넷플릭스가 웨이브보다 높지만, 사용자당 평균 이용 시간은 웨이브가 앞서면서 국내 OTT 플랫폼의 성장 가능성을 보여 주었다. 이것은 웨이브가 드라마,

[사용자당 이용 시간 기준 상위 10대* 한국 비디오 스트리밍 애플리케이션(2020년 10월 기준)]

순위	앱	모회사
1	유튜브	구글
2	아프리카TV	아프리카 TV
3	트위치	아마존
4	웨이브	웨이브
5	넷플릭스	넷플릭스
6	티빙	CJ그룹
7	유튜브키즈	구글
8	시즌	KT
9	U+모바일tv	LG
10	네이버tv	네이버

* Android Phone 합산 월간 실사용자(MAU) 기준 상위 10위 앱임.

예능, 콘서트 등 오리지널 시리즈를 제작하고, 해외 시리즈의 독점 및 최초 공개를 하는 등 콘텐츠의 경쟁력을 높여 국내 시청자들의 이탈률을 최소화한 데 따른 것으로 보인다.

방송통신위원회는 2020년 한국 OTT 시장 규모를 7,801억 원에 달하는 것으로 추산했다. 글로벌 OTT 플랫폼인 넷플릭스가 독주하는 가운데 국내 시장에서는 방송사와 통신사에 이어 네이버와 이커머스 업체 쿠팡 등 유통사까지 합류하면서 더욱 치열한 경쟁이 펼쳐지고 있다.

갈수록 OTT 시장이 커지고 경쟁이 치열해지는 이유는 무엇일까? 대표적으로 Z세대 인구의 증가를 꼽을 수 있다. 1990년대 중반에서 2000년대 초반에 걸쳐 태어난 이 젊은 세대는 어릴 때부터 디지털 환경에서 자란 '디지털 네이티브(디지털 원주민)'이다. Z세대는 밀레니얼 세대를 넘어 전 세계적으로 가장 큰 인구 비중을 차지하고 있다. Z세대는 자신에게 가치나 의미가 있다고 생각하는 서비스를 구독 결제하는 데 돈을 아끼지 않는다. 이들은 인터넷과 IT에 매우 친숙하다. TV-컴퓨터보다 스마트폰을, 텍스트보다 이미지-동영상 콘텐츠를 선호한다.

Z세대는 단순한 소비자, 이용자에 머무르지 않는다. 그들은 이 시대의 혁신적인 프로슈머(prosumer)라 할 만하다. 관심사를 공유하고 콘텐츠를 생산하는 데 단지 익숙한 것을 넘어 그것이 그들에게는 일상이 되고 있다. Z세대는 이처럼 문화의 소비자인 동시에 생산자 역할을 함께 수행하고 있기 때문에 이들이 관심을 가지는 콘텐츠는 그들이 그것을 공유함에 따라 성장과 확산의 폭이 급격히 커진다.

이들이 사회생활을 시작하면서 구매력 또한 증가하고 있기 때문에 동영상을 애호하는 이들의 취향에 영향을 받는 OTT 시장은 성장 가능성이 매우 크다고 할 수 있다. 일례로 Z세대는 같은 비디오 스트리밍 앱이라 해도 서로 다른 콘텐츠나 서비스를 제공한다면 다수의 앱을 한 꺼번에 구독 결제하기도 한다.

한편, 중국의 스트리밍 서비스가 세계 시장을 지배할 것으로 전망된다. 중국의 라이브 스트리밍 시장은 급격한 성장세를 보이고 있는데, 2022년에는 시장 규모가 최대 40조 원까지 늘어날 것으로 예상된다. 중국의 대표적인 인터넷 기업 텐센트가 라이브 스트리밍 시장에서 입지를 굳히려고 적극적인 움직임을 보이고 있다. 중국의 언론 첸잔망(前瞻網)이 2015~2022년 중국 라이브 스트리밍 시장 보고서를 발표했는데, 중국 라이브 스트리밍 시장이 최근 5년간 크게 성장했음을 확인했으며 앞으로의 성장 속도는 더욱더 빨라질 것으로 예측했다.

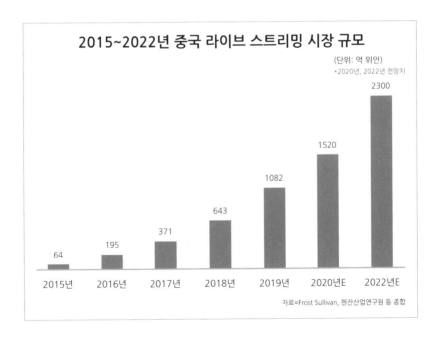

2015~2022년 중국 라이브 스트리밍 시장 규모

(단위: 억 위안)
*2020년, 2022년 전망치

자료=Frost Sullivan, 첸잔산업연구원 등 종합

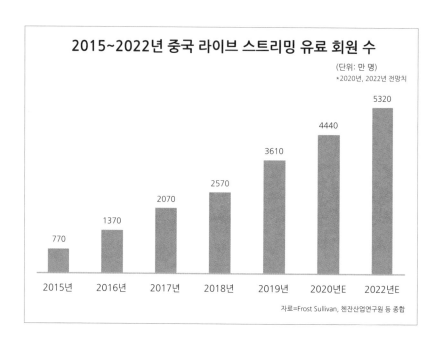

2015~2022년 중국 라이브 스트리밍 유료 회원 수

(단위: 만 명)
*2020년, 2022년 전망치

- 2015년: 770
- 2016년: 1370
- 2017년: 2070
- 2018년: 2570
- 2019년: 3610
- 2020년E: 4440
- 2022년E: 5320

자료=Frost Sullivan, 첸잔산업연구원 등 종합

(4) 모바일 e스포츠의 발전

모바일 e스포츠의 빠른 발전도 눈여겨보아야 한다. 이에 따라 여성 e스포츠 이용자의 점유율은 계속 상승할 것이다. 국내 모바일 게임 사용자를 보면 게임 앱 사용 시간은 대부분 연령대에서 남성이 높았지만 성비만 보면 여성이 52.83%, 남성이 47.17%로 나타났다. 이러한 추세와 더불어 여성 프로게이머의 활약도 예상해 볼 수 있다. 스마트폰이 대중화, 일상화된 데 이어 모바일 게임이 PC를 넘어 대표적인 게임 플랫폼으로 자리를 잡았으며 이제는 e스포츠 시장으로도 그 영역을 확장 중이다. 모바일 e스포츠는 e스포츠 산업에서 최근 크게 주목받고 있는

분야다. 넥슨이나 라이엇게임즈 등 국내외 여러 게임사들이 경쟁적으로 모바일 게임의 e스포츠화에 나서고 있어서 향후에 PC e스포츠 시장과 같은 성과를 낼지 귀추가 주목된다.

넥슨은 자사의 모바일 레이싱 게임 '카트라이더 러쉬플러스'로 2021년 6월부터 정규 e스포츠 리그 '2021 카트라이더 러쉬플러스 리그(KRPL) 시즌1'의 온라인 예선을 시작했으며 10월 개막했다. 넥슨은 이처럼 정규 리그 개최를 통해 '카트라이더' 못지않은 리그로 'KRPL'을 양성한다는 계획이다.

한국콘텐츠진흥원이 발표한 《2020 게임 이용자 실태조사 보고서》에 따르면, 게임 이용자 중 모바일 게임을 이용하는 비중은 91.1%로 PC 게임(59.1%), 콘솔 게임(20.8%), 아케이드 게임(10%)에 비해 압도적으로 높은 것으로 나타났다. 모바일 게임이 e스포츠의 새로운 장이 된 것이다. 모바일 e스포츠 시장은 성장세가 가파르다.

시장조사 업체 스태티스타에 따르면, 모바일 e스포츠 시장은 2019년 8억 7,500만 달러(약 9,800억 원)에서 2025년에는 11억 5,000만 달러(약 1조 2,900억 원)로 성장할 것으로 전망된다. 특히 선도적으로 다양한 모바일 게임 e스포츠 대회를 선보이고 있는 중국에서는 PC e스포츠 게임 시장의 점유율은 감소하는 반면 모바일 e스포츠 게임 시장은 매년 성장하고 있어 향후 e스포츠 업계의 흐름도 PC에서 모바일로 옮겨갈 것으로 보인다.

2

스포츠 산업과 e스포츠
LCK 프랜차이즈, 오버워치 리그 등을 통한 정통 스포츠로의 성장

(1) 해외 리그 오브 레전드 프랜차이즈 제도의 국내 적용

프랜차이즈 모델이란 리그와 팀이 파트너가 되어서 하나의 공동체로서 리그와 관련된 의사 결정을 하고 리그에서 발생한 수익을 공유하는 것을 말한다. LCK 프랜차이즈 팀은 강등되지 않고 계속 LCK에 참가할 수 있다. 이미 북미와 중국은 2018년부터, 유럽은 2019년부터 이 프랜차이즈 모델을 도입했다.

한국은 2021년부터 프랜차이즈 시대로 접어들게 되었다. 라이엇게임즈 코리아에서 2020년 4월 'LCK 프랜차이즈 계획'을 발표했고 같은 해 11월 10개 팀을 공식 발표했다. 1차 심사에는 국내외 25개 팀이 투자의향서를 제출했으며, 그중에는 NBA 새크라멘토 킹스의 구단주가 운영하는 미국 e스포츠 그룹 'NRG e스포츠', NFL 피츠버그 스틸러스와 파트너십을 맺고 있는 e스포츠 그룹 '피츠버그 나이츠', 'FaZe Clan', '월

드게임스타' 등 유수의 기업들이 포함되어 한국 e스포츠 시장의 성장 가능성에 대해 전 세계적으로 인정받는 계기가 되었다.

[LCK 선정 10개 기업]

주체(기업)	팀명
(주)브리온이스포츠	LoL 챌린저스 코리아 '하이프레시 블레이드'
(주)샌드박스게이밍	LoL 챔피언스 코리아 '샌드박스 게이밍'
(주)아프리카프릭스	LoL 챔피언스 코리아 '아프리카 프릭스'
(주)에이디이스포츠	LoL 챔피언스 코리아 '담원 게이밍'
(주)케이티스포츠	LoL 챔피언스 코리아 'KT 롤스터'
팀다이나믹스(주)	LoL 챔피언스 코리아 '팀 다이나믹스'
한화생명보험(주)	LoL 챔피언스 코리아 '한화생명e스포츠'
DRX(주)	LoL 챔피언스 코리아 'DRX'
Gen.G esports	LoL 챔피언스 코리아 '젠지 이스포츠'
SK텔레콤 CS TI(주)	LoL 챔피언스 코리아 'T1'

프랜차이즈 모델의 장점은 무엇일까? 우선 LCK에 참가하는 팀들은 리그의 수익을 나누어 가지며 강등되지 않기 때문에 높은 매출과 안정적인 투자 유치라는 이점이 있으며 이를 통해 경기력을 강화할 수 있다. 기존에 팀별로 제공되던 지원금은 폐지되지만 중계권과 리그 스폰서 수입, LCK 차원의 신규 사업을 통한 매출 등이 각 팀에 균등하게 분배된다. 높아진 수익 등을 토대로 각 팀은 보다 공격적으로 스폰서 유치 등 각종 마케팅 활동에 나설 수도 있다. 아놀드 허 젠지 e스포츠 한국지사장은 "오랜 기간 e스포츠는 게임 퍼블리셔나 e스포츠 팀을 운영하는

대기업의 마케팅 조직 수준으로만 간주됐다"며 "프랜차이즈화로 퍼블리셔와 기업 양쪽에서 산업을 혁신할 수 있는 팀과 리그를 지원하는 지속 가능한 비즈니스 생태계를 구축하게 될 것"이라고 설명한다.

　LCK 소속 팀의 선수들은 1군 등록 선수에 한해 국내 어느 스포츠 리그 최저 연봉보다 높은 약 6,000만 원이라는 최저 연봉을 보장받게 되어 보다 나은 환경에서 게임에 집중할 수 있게 되었다. 박정석 브리온 e스포츠 단장은 "선수들의 최저 연봉이 인상됐다는 점이 고무적이고 기대대로 구단 수익이 늘어난다면 전반적으로 선수들의 처우도 좋아질 것"이라며 "보다 많은 선수들이 한국에 남아서 LCK에서 플레이할 수 있는 여지가 생겨 이 같은 부분에서 긍정적인 효과가 날 것 같다"고 말했다. 이러한 환경이 계속 조성된다면 선수 유출 문제도 나름대로 해결될 것으로 보인다.

　강등이 되지 않으므로 팬들은 지속적인 응원이 가능하여 팬덤이 형성될 수 있다. 반면에 승강제가 폐지되어 리그 자체 경쟁력이 떨어지고 신생팀이 나올 수 없다는 우려의 목소리도 존재한다. 또한, 프랜차이즈 심사의 공정성에 대한 우려도 있다.

　장기적으로는 LCK에 연고제를 도입해야 한다는 의견도 있는데, 이는 e스포츠 활성화에 촉매제가 될 것으로 보인다. 본래 프랜차이즈 모델은 지역 연고제와 연관된 개념이라고 볼 수 있기도 하다. 실제 LPL은 e스포츠 최초로 지역 연고제를 시행하고 있다. 현재 부산, 대전, 광주 등 각 지역의 대도시에 e스포츠 상설 경기장이 건설된 것은 지역 연고제가 강화되는 데 큰 역할을 할 것이다.

지역 연고제가 마련되고 이것이 전국으로 확대되면 진정한 의미의 프랜차이즈가 실현될 것이다. 각 지역의 상설 경기장에서 정기적으로 경기가 열리면 이미 지역 곳곳에 존재하는 수많은 e스포츠 팬을 결집시킴으로써 LCK 홍행에 큰 도움이 될 것이다.

(2) e스포츠와 전통 스포츠

e스포츠의 가치는 고공행진 중이라는 말이 딱 어울릴 만큼 급상승하고 있다. e스포츠는 몇 년 전부터 MZ세대로부터 전폭적인 지지를 받아왔으며 코로나19로 전통 스포츠가 타격을 입는 동안 온라인이라는 강점에 힘입어 성장세를 이어가고 있다. 과거에는 e스포츠를 정식 스포츠로 볼 수 있는가 의견이 분분했지만 최근 e스포츠의 위상이라든지 e스포츠에 대한 관심은 부쩍 달라졌다.

비근한 예로 태국은 2021년 9월 e스포츠를 정식 프로스포츠로 인정했다. 이로써 태국의 e스포츠 분야 모든 선수와 팀이 태국 체육당국(SAT)에 속하게 된 것이다. 태국 e스포츠연맹(TESF)이 정기적인 대회와 세미나, 워크숍 등을 열면서 국가 내에서 e스포츠의 인기가 높아진 것이 주효했다는 평가를 받고 있다.

e스포츠의 종주국인 우리나라에서도 국정감사에서 e스포츠의 정식 스포츠 채택에 속도를 내자는 목소리가 나오고 있으며 조만간 그렇게 될 것으로 예상된다. 세계적으로도 분위기가 이미 그렇다. IOC(세계올림

픽위원회)는 2017년 스위스 로잔에서 e스포츠는 정식 체육 종목이라고 선언한 바 있으며, 2022년 항저우 아시안게임에서는 e스포츠 6개 종목이 메달 종목이 되었다. 우리나라도 e스포츠를 정식 체육 종목으로 인정하여 상무팀도 만들고 국가대표도 선발해야 할 것이다.

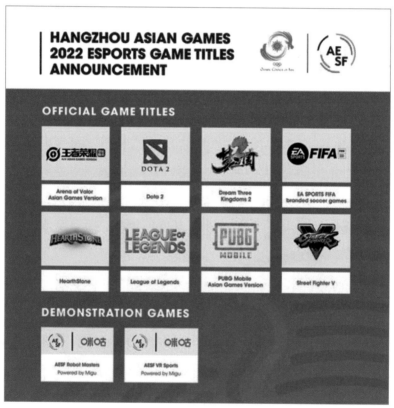

▲ 2022 항저우 아시안게임에 정식 종목으로 채택된 e스포츠
사진: AESF

e스포츠의 글로벌 시청자 수는 2018년 3억 9,00만 명에서 2019년 4억 4,300만 명, 2020년 4억 9,500만 명으로 계속 늘어나고 있다. 이는

미국의 4대 메이저스포츠인 NFL과 NBA, MLB, NHL을 합친 것보다 많은 수치다. e스포츠 도입에 부정적이던 IOC도 이러한 세계적인 흐름에 관심을 보이고 있고 2024 파리올림픽 조직위원회도 젊은 세대와 교류하기 위한 목적으로 e스포츠 정식 종목 채택을 IOC와 논의하기도 했다.

IOC 입장에서도 코로나19로 전통 스포츠 산업이 위축된 상황에서 미래의 관객인 MZ세대를 끌어들이기 위해 e스포츠를 도입하는 것이 필수적인 과제가 된 것이다. IOC가 지난 도쿄올림픽에서 젊은 세대에게 큰 인기를 끈 익스트림 스포츠, 스케이트보드, 3대3 농구 등 새로운 종목을 추가하며 변화를 주었던 것도 같은 연장선상에서 해석해볼 수 있다. 실제로 IOC는 도쿄올림픽 사전 행사로 '가상 올림픽 시리즈'를 최초로 선보이며 e스포츠 도입의 가능성을 시험했다. 가상 올림픽 시리즈는 그란투리스모, e베이스볼 파워풀 프로야구 2020, 즈위프트, 버추얼 레가타 등 스포츠 게임을 활용한 e스포츠 대회였다.

국내 프로게이머들의 실력이 출중하기 때문에 2022년 항저우 아시안게임에서 e스포츠는 효자 종목이 될 것으로 보인다. e스포츠가 전 세계적으로 정식 종목에 편입된다면 게임 인프라가 우수한 우리나라의 경우 e스포츠의 산업적, 마케팅적 가치는 엄청날 것으로 예상된다. 게임과 함께 자란 MZ세대의 전폭적인 호응이 그 같은 현상을 충분히 뒷받침해 줄 것이다.

e스포츠는 전통 스포츠에 비해 시공간의 제약이 없이 성능 좋은 게임 장비와 인터넷만 있으면 바로 경기를 펼칠 수 있다는 장점이 있다. 투자 대비 효과가 뛰어난 것이다. 바로 여기에 발전 가능성이 있다. 하

지만 e스포츠 경기는 그 게임의 주인이 있다. 게임이라는 저작물을 제작, 운영하는 게임 개발사다. '리그 오브 레전드'는 '라이엇게임즈'라는 기업의 자산이고, '오버워치'는 '블리자드 엔터테인먼트'의 자산이다. 그러므로 e스포츠 대회를 개최하거나 콘텐츠를 만들어 수익을 얻으려면 해당 종목사에 동의를 구하고 저작권료를 내야 한다.

스타크래프트의 엄청난 인기도 시간이 지나면 시들듯이 게임 역시 시대의 흐름에 따라 변화할 것이다. 각국이 게이머와 팬들의 지지를 받는 새로운 게임 콘텐츠 개발에 사활을 거는 이유이다. 일종의 올림픽 종목을 하나 만들어 마케팅 효과를 누리며 세계적 인기를 끌고 그로 인한 각종 수익까지 오랜 기간 얻을 수 있는 구조이기 때문이다.

종목사가 존재한다는 점 말고는 산업 구조와 수익 모델은 타 프로스포츠와 유사하다. 프로스포츠는 크게 팀이나 리그에 대한 기업 후원(스폰서십), 중계권, 미디어 광고, 상품이나 입장권 판매를 통해 수익이 발생하는데, e스포츠도 비슷하다. e스포츠만의 차별점이라면 미디어 매출에서 인터넷 플랫폼 비중이 높고 판매 상품 중에 디지털 굿즈(특정 선수나 구단의 특징을 딴 게임 스킨 등)가 존재한다는 것이다.

세계적으로 유명한 프로게이머들을 보유하고 있는 우리나라의 경우 이들의 인기를 활용한 다양한 마케팅을 시도해 볼 수 있을 것이다. 이것은 새로운 기술과도 다채롭게 접목해 볼 수 있다. 한 예로 블록체인 기술을 활용한 NFT(Non-Fungible Token, 대체 불가능 토큰)를 들 수 있는데 e스포츠의 전설로 평가받는 '워크래프트 3' 프로게이머 장재호의 NFT는 국내 e스포츠 선수 최초로 발매되어 29초 만에 소진된 바 있다.

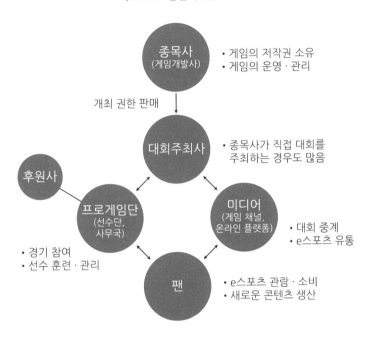

〈e스포츠 산업 구조〉

종목사
(게임개발사)
• 게임의 저작권 소유
• 게임의 운영 · 관리

개최 권한 판매

대회주최사
• 종목사가 직접 대회를 주최하는 경우도 많음

후원사

프로게임단
(선수단,
사무국)

미디어
(게임 채널,
온라인 플랫폼)
• 대회 중계
• e스포츠 유통

• 경기 참여
• 선수 훈련 · 관리

팬
• e스포츠 관람 · 소비
• 새로운 콘텐츠 생산

출처: 《e스포츠마스터플랜》 한국이스포츠아카데미, 더디퍼런스, 2019

〈글로벌 e스포츠 산업 매출 비중〉

11% 상품 판매 및 입장권
13% 퍼블리셔 수수료
18% 중개권료
19% 광고
40% 기업 후원

출처: NEWZOO 2018년 2월

〈국내 e스포츠 산업 비중〉

7% 대회 상금
4% 기타
21% 스트리밍
21% 게임단 예산
47% 방송사 매출

출처: 한국콘텐츠진흥원 2018년 2월

(3) 중국의 e스포츠 시장

　e스포츠에서 중국의 성장과 투자는 무서울 정도다. 중국 e스포츠 시장의 규모는 매년 가파르게 성장하고 있다. 조만간 중국이 e스포츠 분야에서 세계 제일의 강국이 되리라 보는 이유이다. 중국이 'e스포츠 굴기(崛起)'라 할 만큼 국가적인 차원에서 e스포츠 산업을 육성하기로 함에 따라 현재 e스포츠 최강국인 우리나라와 경쟁이 불가피해졌다. 중국은 자국 문화의 글로벌화를 위한 대사 역할로 e스포츠를 염두에 둘 만큼 이 분야를 중점적으로 육성하고 있다.

　코로나19의 영향으로 중국 e스포츠 산업의 성장세는 더욱 가속화되고 있다. 중국은 상하이와 하이난을 e스포츠의 국제 메카로 건설하고자 하는 계획을 추진 중이다. 2019년 말에 베이징시는 2025년까지 베이징의 게임 산업 규모를 1,500억 위안(약 25조 7,500억 원)으로 만들겠다며 세계 최대 규모의 게임 개발 산업단지 조성, 게임연구센터 건설, e스포츠팀 육성 등 야심찬 계획을 발표한 바 있다.

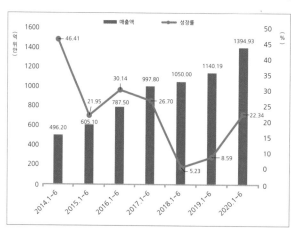

▲ 중국 상반기 e스포츠 매출액과 성장률 추이(단위: 억위안, %)
출처: 중국 게임산업연구원

중국 대기업들 역시 e스포츠 투자에 아낌이 없는데, 중국의 IT 공룡인 알리바바와 텐센트가 대표적이다. 알리바바는 2015년 자회사 알리스포츠를 설립하여 e스포츠에 대한 대규모 투자를 이어가고 있다. 알리바바는 2018년 자카르타 팔렘방 아시안게임 시범 종목으로 e스포츠가 채택되는 데 일등공신이었다. 알리바바는 아시아올림픽평의회와 파트너십 계약을 체결한 후 e스포츠의 아시안게임 종목 채택을 위해 노력했고 e스포츠 국가 간 대항전인 '월드 e스포츠 게임스'(WESG)를 출범시키기도 했다.

텐센트도 e스포츠 투자에 열성적이다. 2015년 '리그 오브 레전드'를 개발한 미국의 게임 업체 라이엇게임즈의 지분을 전량 인수했고, 중국 LPL을 롤의 최고 리그로 만들기 위해 자본을 쏟아부었다. 2017년 발표한 'e스포츠 5개년 계획'에 따르면, 텐센트는 1,000억 위안(약 18조 5,210억 원)을 투자해 리그와 토너먼트 유치를 위한 경기장 건설과 예비 선수 육성을 지원키로 했다.

골드만삭스 보고서에 따르면, 중국은 e스포츠에 대한 벤처 투자가 가속화되고 있는데, 2013~2018년까지 e스포츠 관련 창업에 33억 달러(약 3조 9,154억 원)의 벤처캐피털 투자가 있었다.

중국 정부와 기업들의 지원과 투자에 힘입어 e스포츠 관련 직업도 각광을 받고 있다. 프로선수를 비롯한 구단·에이전시·e스포츠 게임 개발 등이 유망 업종으로 떠올랐다. 중국 인력자원 및 사회보장부에 따르면, e스포츠팀이 5,000여 개이고 프로게이머는 10만여 명에 달한다. 게임 파트너 등 유관 인력까지 합치면 e스포츠 종사자는 50만 명이 넘는다. e스포츠 관련 기업은 1만 개가 넘는데, 이 중 90%는 설립된 지 5년이 채 되지 않은 스타트업이다. 최근에는 기업 설립 빈도가 더욱 높아져 2020년 상반기에만 1,600개가 늘어났다.

중국은 e스포츠 인재 양성을 위한 교육도 확대했다. 중국 교육부가 2016년 'e스포츠 운동 및 관리' 전공을 신설한 이후 e스포츠 관련 학과들이 앞다투어 생겨났다. 명문 베이징대학은 e스포츠 과목을, 촨메이(傳媒)대학은 e스포츠 디자인학과를, 상하이희극학원은 e스포츠 해설학과를 개설했다. 중국 경제 매체 차이신(財新)에 따르면, 38개 대학·전문학교에서 e스포츠 관련 학과를 개설하여 학생을 선발하고 있다.

이처럼 e스포츠에 대한 중국의 투자는 총체적, 장기적인 안목을 가지고 이루어지고 있으며 집중적, 전략적인 면모를 보인다. 2009년부터 2013년까지 중국의 e스포츠 관련 정책이 완화되면서 게임 제조사가 주축이 되어 수많은 게임대회가 열렸다. 특히 2013년 제1회 리그 오브 레전드 프로리그(LPL)를 중국이 개최하면서 중국의 e스포츠 전성시대가 열렸다.

중국은 국가정책 차원에서도 계속해서 e스포츠 산업 발전을 적극 추진하고 있다. 2016년 중국 국가체육총국은 중국 모바일게임산업연맹 설립을 선포했고 같은 해 교육부가 발표한 신설 전공에는 e스포츠 및 관리 전공이 포함되어 2017년도부터 적용되고 있다. 또한, 국가체육총국은 2019년 4월 체육산업통계분류(2019)를 발표했는데 e스포츠를 정식 체육 경기종목으로 채택했다. 2020년은 중국이 자국의 e스포츠 산업 발전을 본격적으로 추진한 지 20주년이 된 해였으며 2021년 4월에는 중국인민체육유한공사, 우한문화투자발전그룹, 광구중국영화경극과학기술 유한공사가 공동으로 주최한 제2회 '게임 차이나(GAME CHINA)'가 우한에서 열렸다.

구분	내용
탐색기 (1998~2008)	• 중국 내 컴퓨터 게임 도입 및 보편화 • 3자(Third-Party) 게임 시장 위주
발전기 (2009~2013)	• 중국 당국이 관련 정책 완화 • 스타크래프트2, 리그 오브 레전드 등 메이저 게임 중국 내 정식 등록 • 각종 e스포츠 연맹 및 제조사 주도 게임 시장 활성화
성숙기 (2013~2017)	• 제1회 리그 오브 레전드 프로리그 개최 • 천문학적인 게임대회 상금으로 중국인의 e스포츠 관심 증폭
전성기 (2018~현재)	• 시장 규모를 바탕으로 각종 국제 게임대회 유치 • 여러 중국 대기업들 자체 e스포츠팀 설립 • 중국 당국 e스포츠를 정식 스포츠 종목 및 정식 전공으로 채택

자료: 첸잔경제연구원(前瞻经济研究院)

2020~2021년 사이에 중국 중앙 및 지방정부는 e스포츠 산업 활성화를 위한 일련의 정책을 내놓고 있다. 특히 상하이와 하이난은 e스포츠를 도시의 중점 산업으로 개발하는 것을 목표로 하고 있다.

[중국 e스포츠 최근 주요 정책]

발표 시간	정책 명칭	내용
2020.4	베이징 문화산업 발전 선도 건설 중장기 계획(2019~2035)	e스포츠 산업 브랜드 구축, 베이징 e스포츠 경기, e스포츠 단지 및 클럽 등 구축 계획 명확화
2019.6	상하이 e스포츠 산업의 발전에 관한 의견	상하이 e스포츠 산업 발전을 위한 20개 의견 제시, 3~5년 내 글로벌 e스포츠 도시 건설 목표
2019.6	하이난 국제 3스포츠(港) 정책	하이난성 정부와 텐센트가 합작하여 하이난을 최단 기간 내 국제 e스포츠 항구도시로 개발
2019.4	스포츠 산업 통계분류(2019)	e스포츠를 정식 스포츠 종목에 편입하여 스포츠 활동의 조직, 홍보, 훈련, 클럽 활동 등을 규범화
2019.4	인공지능 엔지니어 등 직업 정보에 관한 통지	인사부, 시장감독총국, 통계국이 e스포츠 운영 기술자 등 13개의 신규 고급 기술 직업을 발표

자료: 첸잔경제연구원(前瞻经济研究院)

중국 e스포츠의 산업 체인은 다음과 같은 양상을 보인다.

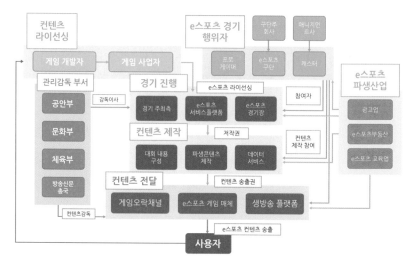

자료: Xvzkoo.com

뉴주(Newzoo)에 따르면, 2021년 글로벌 e스포츠 예상 총매출액은 약 11억 달러에 달한다. 이는 작년 동기 대비 14.5% 성장한 규모로 글로벌 게임 시장은 계속 성장하여 2024년에는 총 매출액이 16억 달러에 이를 것으로 예상된다. 2020년 중국의 e스포츠 매출액은 3.1억 달러이며 이는 전 세계 총 매출액의 3분의 1을 차지하는 규모이다. 2021년은 중국이 매출액 3.6억 달러로 글로벌 e스포츠 최대 시장으로 떠오를 전망이다. 그 뒤를 북미 시장(2.4억 달러), 서유럽(2.0억 달러)이 이을 것으로 예상된다.

2020년 기준 전 세계 e스포츠 관객은 약 4억 1,000만 명이며 이 가운데 절반은 e스포츠를 주된 취미로 즐기는 그룹이며 나머지 절반은 e스포츠를 가끔 즐기는 그룹이다.

e스포츠 산업이 성장하면서 현재 글로벌 e스포츠 관중 수는 연평균 7.7%의 성장세를 보이고 있다. 2022년에 이르러서는 e스포츠 관중 수가 5억 명을 돌파하고 2024년에는 5.7억 명에 달할 것으로 예상된다.

e스포츠 이용자 수를 보면 중국이 단연 가장 큰 비중을 차지하고 있다. 뉴주(Newzoo)에 따르면, 2021년 중국의 e스포츠 이용자 규모는 9,000만 명으로 세계에서 가장 많고 그다음이 미국과 브라질 순이다.

텐센트 e스포츠가 발표한 《2021년 중국 e스포츠 산업발전 보고서》에 따르면, 올해 중국의 e스포츠 이용자는 4억 2,500만 명이며, 이 가운데 25세 이하가 1억 2,700만 명에 달할 것으로 추산된다. 중국의 e스포츠 이용자를 보면 남성, 젊은이가 대부분을 차지하고 학력이 높으며 월수입은 3,000~8,000위안(약 53~140만 원)으로 나타났다. 여성 이용자의 비중은 3년 전의 30%에서 39%로 상승했고, 25세 이하와 45세 이상 이용자도 늘어나 점차 전 연령대에서 인기를 끌고 있다.

2020년 기준 6억 명이던 e스포츠 생방송 시청자 수는 2024년에는 9.2억 명까지 증가할 것으로 예상된다. 특히 동남아시아의 경우 최근 2년간 성장률이 20%를 넘어서며 폭발적인 성장세를 보이고 있다. 중국의 e스포츠 생방송 시청자 수는 2021년 1.9억 명에서 2024년 2.1억 명까지 늘어날 것으로 전망된다.

중국 e스포츠 산업의 현황을 간단하게 정리하면 다음과 같다.

① 정부가 적극 지원하고 있다.

② 이용자 수가 방대하다.

③ 게임 개발이 활발하게 이루어지고 있다.

④ e스포츠 관련 산업이 지속적으로 확장되고 있다.

⑤ 자본력이 막강하다.

사드 배치 이후로 한국 게임의 중국 수출이 3년 동안 막힌 바 있다. 반면에 같은 기간 중국 게임의 대한(對韓) 수출은 그 규모가 약 2조 원에 달했다. 특히 한국 모바일 게임 시장에서 중국 모바일 게임이 200개 이상 출시되면서 모바일 게임 분야에서 가장 큰 불균형을 보였다. 또한, 중국 텐센트 등 대기업을 중심으로 국내 게임사 지분을 인수하는 일이 잦아지면서 우려와 경계의 목소리가 커지고 있다.

중국의 e스포츠는 유명 게임 IP가 파생상품을 출시하고 게임 콘텐츠 생태계를 구축한다는 특징을 보인다. 본체 게임의 세계관에 근거하여 유명 게임 IP가 각종 유형의 게임 파생상품을 출시하는 것이다. 이런 파생상품은 본 게임에서의 주요 게임 방법 이외에 신선함을 제공함으로써 게이머를 유지하는 데 기여한다. 게임 IP 생태 조성은 다양한 형식의 게임이 함께 발전하고, 여러 e스포츠 경기와 결합하도록 하여 게임 IP의 가치를 다시 확대시킬 것이며, 이러한 흐름은 미래 시장에서 더욱더 확장될 것으로 예상된다.

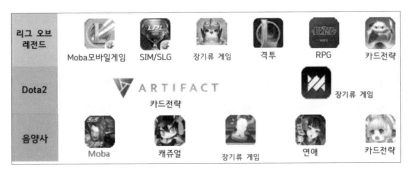

리그 오브 레전드	Moba모바일게임	SIM/SLG	장기류 게임	격투	RPG	카드전략
Dota2	ARTIFACT 카드전략				장기류 게임	
음양사	Moba	캐쥬얼	장기류 게임	연애	카드전략	

▲ 유명 게임이 다양한 형식의 파생상품을 출시하고 게임 IP 생태를 조성

출처: 아이리서치(艾瑞咨询)연구원 자체 연구

중국의 e스포츠 시장은 파급력과 영향력이 엄청날 수 있다. 국내 e스포츠 관련 업체가 중국 시장 진출에 성공하려면 중국의 이 같은 시장 환경을 계속 살펴야 하며, 필요하다면 중국 현지 게임 유통사와의 합작을 통해 시장 진출을 해볼 수도 있을 것이다. 현재 단순히 게임 수출에 그치는 데서 벗어나 e스포츠 연관 산업도 진출을 모색해 볼 수 있을 것이다.

(4) e스포츠의 역사 개요와 포괄적 전망

e스포츠의 역사는 그리 길지 않다. 20년 정도에 불과하다. e스포츠의 태동기인 2000년대 초반만 하더라도 e스포츠는 단순히 게임대회를 개최하고 중계하는 수준에 그쳤다. 한국이 e스포츠의 종주국이라 할 만큼 우리나라에서 가장 먼저 대중적으로 발전했고 이후 미국, 중국 등에서도 활성화되는 움직임을 보였으나 그 범위는 각 나라의 국경을 넘지는 못했다. 2010년대에 들어 리그 오브 레전드, 도타2 등 전 세계

적으로 인기를 얻는 종목이 많아지면서 산업의 양상이 크게 바뀌었다. 세계 대회가 속속 등장하면서 글로벌 시장 규모와 시청자 수가 폭발적으로 증가했다.

e스포츠는 다른 스포츠나 산업에서는 변혁의 엄두를 내기도 힘든 20년이라는 그 짧은 시간 동안 하나의 세계적 스포츠 산업으로 자리매김했다. 그 빠른 성장의 동인은 무엇이었을까? 앞서 언급했듯이 향후 소비 여력과 문화적 행사력이 더욱 증가할 10~30대의 젊은 세대(MZ세대)가 주요 고객이라는 점이다.

성장세가 두드러지는 온라인 스트리밍 사업과도 엄청난 시너지를 낸다. 유튜브나 트위치 같은 스트리밍 플랫폼의 시청자 수는 이제 메이저 채널을 훌쩍 넘어선다. 인터넷만 연결되면 언제 어디서나 시청 가능한 스트리밍 매체는 시공간의 제약이 없는 e스포츠와 환상의 짝꿍이라 할 수 있다. 시공간의 제약이 없다는 점은 e스포츠의 이용과 확산에 지대한 영향을 미친다. 참여도나 관여도가 높은 것도 특징이다. 실시간 채팅으로 참여하고 24시간 즐길 수 있다는 점도 빼놓을 수 없는 e스포츠의 장점이다.

전통적인 스포츠 브랜드의 대표주자인 나이키가 광고 모델로 프로게이머를 등장시키고 파리 생제르맹 같은 세계 유수의 전통 스포츠클럽들이 앞다투어 e스포츠 팀을 창단하고 있다. e스포츠 산업은 4차 산업혁명의 키워드로도 지목되고 이미 세계적으로 큰 의미를 갖는 하나의 국제적인 산업이 되었다. e스포츠 전용 경기장이 전 세계 주요 도시에 건설되고 있으며, 도타2 e스포츠 대회(디 인터내셔널)는 매년 세계 최대 상금 기록을 갈아치우며 2019년에는 총 상금 규모가 약 400억 원에 이르렀다. 이러한 모든 요소와 상황이 복합적으로 작용하여 e스포츠는 지금까지보다 더 크고 넓은 기회를 맞이하고 있다.

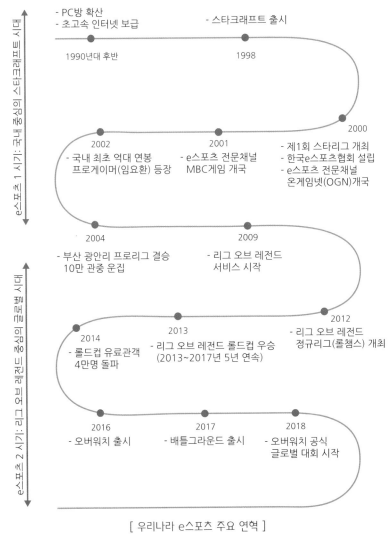

- PC방 확산
- 초고속 인터넷 보급

- 스타크래프트 출시

1990년대 후반   1998

2002   2001   2000
- 국내 최초 억대 연봉   - e스포츠 전문채널   - 제1회 스타리그 개최
  프로게이머(임요환) 등장   MBC게임 개국   - 한국e스포츠협회 설립
                                              - e스포츠 전문채널
                                                온게임넷(OGN)개국

2004   2009
- 부산 광안리 프로리그 결승   - 리그 오브 레전드
  10만 관중 운집   서비스 시작

2014   2013   2012
- 롤드컵 유료관객   - 리그 오브 레전드 롤드컵 우승   - 리그 오브 레전드
  4만명 돌파   (2013~2017년 5년 연속)   정규리그(롤챔스) 개최

2016   2017   2018
- 오버워치 출시   - 배틀그라운드 출시   - 오버워치 공식
                                            글로벌 대회 시작

e스포츠 1 시기: 국내 중심의 스타크래프트 시대

e스포츠 2 시기: 리그 오브 레전드 중심의 글로벌 시대

[우리나라 e스포츠 주요 연혁]

출처: 《e스포츠 마스터플랜》, 한국이스포츠아카데미, 더디퍼런스, 2019

3

신한류 e스포츠와 글로벌 파이낸싱

국내에서 태동한 e스포츠가 글로벌 K-e스포츠로

(1) 국내 e스포츠 산업의 태동과 성장

1997년 북미에서 탄생한 세계 최초의 게임리그인 PGL(Professional Gamers League)을 e스포츠의 신호탄으로 보기 때문에 한국에서 e스포츠가 시작했다고 하는 것은 다소 무리가 있지만, 한국형 e스포츠가 세계화되었다는 말은 충분히 일리가 있다. 이것은 K-pop이 팝에 새로운 문화를 형성하는 것과 비슷한 양상이라고 볼 수 있다. e-스포츠의 태동에 스타크래프트가 미친 영향은 그야말로 지대하다. 한국에서 10대, 20대를 중심으로 스타크래프트의 인기는 가히 폭발적이었는데 1990년대 중후반 전국에 PC방이 들어서면서 게임 유저가 엄청나게 늘었다. 스타크래프트로 e스포츠 첫 대회를 연 것은 PGL이지만, e스포츠를 하나의 문화 현상으로 키운 것은 우리나라였으니 한국에서 최초로 시도한 것이 세계 최초가 되었다. 우리나라는 세계 최초로 e스포츠 프로리그를 출범시키고 e스포츠 전문 채널을 탄생시켰다.

스타크래프트의 폭발적인 인기에 힘입어 당시 케이블 채널 투니버스에서 스타크래프트 방송을 시작했고 대회 토너먼트는 월드컵과 같은 뜨거운 반응을 일으켰다. 이에 온게임넷, MBC 게임 등 다양한 게임 채널이 생겼다. 여기에 삼성, SKT, KT 등 대기업이 프로게임단을 후원하면서 스포츠 산업의 3대 요소라 할 운영 조직, 미디어, 프로팀이라는 시스템이 구축되었다. 이러한 시스템 역시 국제표준이 되었다. 대중문화의 힘이 스타들에 많이 의존하듯이 e스포츠 역시 임요환, 이윤열 등 스타 프로게이머의 등장과 더불어 팬덤이 형성되며 크게 성장해 왔다. 게임 유저, 시청자와 팬의 숫자가 기하급수적으로 늘어나면서 각종 스타크래프트 관련 대회가 온라인, 오프라인에서 주최되기 시작했다.

e스포츠에 이처럼 상상 외의 인기와 호응이 잇따르자 e스포츠협회가 창설되고 국내 기업 삼성이 후원하고 월드사이버게임즈가 주최했던 WCG(World Cyber Games) 또한 생겨 세계적인 스타리그 또한 인기를 얻게 된다.

'SKY 프로리그 2004'
1라운드 결승전에 운집
한 10만 관중

(출처: 한국e스포츠협회)

2017년 여름 광안리 해수욕장에서 개최된 스타크래프트 리마스터 출시 기념 이벤트 행사

(출처: 부산일보, 2017.7.30)

이른바 '광안리 대첩'은 한국 e스포츠의 위대함을 국내뿐 아니라 전 세계에 각인시킨 대사건이었다. 2004년부터 부산 광안리 해수욕장에서 개최되기 시작한 스타크래프트 프로리그 결승전에 대규모 관객이 몰렸는데 2004년 7월 17일 'SKY 프로리그 2004' 1라운드 결승전인 한빛 스타즈와 SK텔레콤 T1의 경기에 경찰 추산 10만 명이라는 숫자가 운집했다. 같은 날 부산 사직야구장에서 우리나라 최고 인기 스포츠인 프로야구 올스타전이 개최되었는데 이 경기 관중이 1만 5천여 명이었던 점을 고려하면 어마어마한 규모라 할 수 있다.

프로스포츠를 넘어서는 폭발적인 인기에 e스포츠는 일약 사회적 이슈가 되었고 당시 많은 대기업과 정부가 e스포츠에 관심을 보였다. 또한, '광안리 대첩'은 e스포츠의 산업적 잠재력을 전 세계에 최초로 증명한 일대 사건이라고 할 수 있다. 부산은 이후로도 2010년까지 매년 스타크래프트 프로리그 결승전이 광안리 해수욕장에서 개최되면서 국내 e스포츠의 성지로 자리매김했다.

이후 다양한 게임이 등장하긴 했지만 스타크래프트만큼 인기 있는 게임이 나오지 못하고 스타크래프트의 인기도 시간이 많이 지나며 시들면서 e스포츠도 하락세를 면치 못했다. 카트라이더의 경우 기존 남성 위주의 e스포츠 게임들과 달리 여성들도 관심을 가질 만한 귀여운 캐릭터 및 게임성으로 많은 사람에게 인기를 끌었다. 카트라이더는 2005년 공식 e스포츠 종목 선정 이후 스타크래프트를 제외하고 가장 많은 국내 공식 리그가 열렸다.

던전 앤 파이터는 e스포츠 최초로 온라인 RPG 게임을 리그화했다는 점에서 큰 의미를 지닌다. 최근에는 '리그 오브 레전드(LOL)'가 큰 인기를 끌고 있다. 온게임넷 등의 TV 방송사나 곰TV, 아프리카TV 등 온라인 방송사의 방송을 통해 그 인기를 실감할 수 있다. 세계적으로 하루 동안 리그 오브 레전드를 즐기는 이용자가 약 3천만 명에 달한다고 하니 이 정도 인기면 과거 스타크래프트의 아성을 위협하는 정도라고 할 수 있다.

(2) 신한류가 된 K-e스포츠

드라마, 영화, K팝 등 한류가 세계 대중문화의 주축이 되었듯이 우리나라는 K-e스포츠로 대한민국의 e스포츠가 새로운 한류가 되기를 바라고 있다. e스포츠의 문화적, 산업적 가치는 그 인기가 기하급수적으로 늘어왔던 것처럼 현재 젊은 층을 중심으로 하여 엄청나게 성장할 것으로 보인다. 이러한 관심은 우리나라에서만 일어나고 있는 것이 아니다. 전 세계적으로 e스포츠에 대한 관심은 매우 뜨겁다. 국제e스포츠 연맹에서는 2020년 e스포츠 규모를 1조 5,000억 원가량으로 추산했으며, 2016년 기준 열렬한 e스포츠 팬 수는 약 2억 명으로 집계됐다.

글로벌 미디어 닐슨 스포츠(Nielsen Sports)에서 주목한 5개의 스포츠 산업 트렌드를 보면, e스포츠의 성장이 주요 트렌드로 꼽히고 있으며 각종 브랜드, 미디어, 전통적 스포츠 조직에서도 e스포츠의 성장을 활용하기 위한 마케팅 전략을 수립하고 있다. 스포츠의 대중화와 산업화에 따라 발전해 온 스포츠 경영학 분야에서도 최근 e스포츠를 주제로 한 학술논문 특별호가 자주 발간되고 있다.

한국의 e스포츠 시장 역시 빠른 속도로 성장하고 있으며, 각 시·도 지자체가 e스포츠 패권을 차지하기 위해 경쟁을 벌이고 있다. 부산은 이러한 경쟁 구도에서 어느 정도 우위를 확보한 것으로 보인다. 국내 e스포츠 프로리그 최초로 지역 연고 프로구단을 유치키로 한 부산시는 향후 5년간 1,000억 원 규모의 게임 콘텐츠 펀드를 조성하기로 했으며, 2025년까지 게임 콘텐츠 집적 시설인 게임융복합타운을 준공하고 센텀 2지구에 글로벌 게임 기업을 유치하는 등 게임 산업 육성의 토대를 마련키로 했다.

부산의 경우 그 밖에도 국제e스포츠연맹 유치, 10년 연속 G-STAR(국제게임전시회) 개최, e스포츠 상설 경기장 유치, 부산시의 e스포츠 산업 부흥 의지 등 각종 호재가 있다. 이러한 꾸준한 노력 덕분에 부산의 게임 관련 기업은 2009년 24개사에서 2020년에는 127개사로 증가했다. 매출액은 2009년 129억 원에서 2019년 1,335억 원으로 10배 이상 늘었다. 부산이 지역 e스포츠 산업 육성의 벤치마킹 대상이 되는 이유이다.

▲ 2017년 부산 벡스코에서 열린 국제 게임전시회 '지스타 2017'을 찾은 관람객들이 다양한
신작 게임을 즐기는 모습

　　부경대 해양스포츠학과 김대환 교수의 다음 조언은 e스포츠 산업의
육성을 위한 대안을 수립하고 지속 가능성 등을 모색할 때 꼭 염두에
두어야 할 것이다. 김대환 교수는 "스포츠 산업의 외연 확장이라는 측
면에서 e스포츠 육성을 매우 환영하지만, 지속 가능한 성장을 위해서
는 e스포츠가 가지는 가치(value)에 대한 깊이 있는 논의가 필요하다고
생각한다. 스포츠의 가치는 굉장히 오랜 고민 끝에 어느 정도 정립되고
인정받았다고 판단된다. 직관적으로도 스포츠는 건강, 자아실현, 즐거
움, 행복, 사회 통합 등의 가치를 지닌다고 인식되며, 이러한 가치를 바
탕으로 스포츠는 사회의 다양한 영역에서 권장되고 있다"고 평하면서
e스포츠가 우리 삶에 제공하는 가치가 무엇인지 심도 있게 살펴보아야
한다고 권한다.

최근 세계보건기구(WHO)가 게임 중독을 질병으로 규정한 것, 중국이 청소년들을 대상으로 2021년 8월 '미성년자는 금·토·일요일과 휴일에 한해 오후 8시부터 9시까지 1시간만 온라인 게임을 할 수 있다'는 '셧다운제'를 이전보다 강화하여 발표한 것은 게임의 심리적, 신체적, 사회적 영향을 고려한 것이기 때문에 우리 역시 이러한 문제를 진지하게 논의해야 한다.

부산시의 경우 e스포츠경기장 조성, 종목 발굴 및 전문 인력 양성을 포함하는 e스포츠 진흥 계획을 수립했는데, '게임과몰입상담치료센터'를 지자체 최초로 운영하여 게임 이용자의 건강에 대해 도움을 주고자 했다. 이러한 식으로 e스포츠의 가치를 정립해 나가는 일은 정부와 업계, 이용자가 다 같이 고민할 일이다.

e스포츠 한류의 중심에는 프로게이머들이 있다. 2019년 5월 7일, 중국 팬클럽에 의해 미국 뉴욕 타임스퀘어 전광판에 게시된 현존 세계 최고의 프로게이머 페이커(Faker, 이상호)의 생일 축하 광고는 그 의미가 남달랐다. 아이돌 등의 생일 축하 메시지가 뉴욕 타임스퀘어 전광판에 게시되는 것은 흔한 일이었지만, 프로게이머는 이번 경우가 처음이었기 때문이다. 페이커는 공식 연봉 50억 원이 넘는 세계적인 스타 프로게이머이다.

e스포츠 대회에서 우승을 휩쓰는 한국은 지구상에서 게임을 가장 잘하는 민족이라 불리고 전 세계 5억 e스포츠 시청자가 대한민국 선수들의 신기에 가까운 플레이에 열광하며 아이돌 스타 대하듯 한다. e스포츠의 핵심 콘텐츠는 게임이겠지만, 어찌 보면 그것은 일반 스포츠의

종목에 해당하고 실제로 e스포츠의 관건은 게임 능력에 있으니 한국이 e스포츠 산업에서 가진 인적 자산은 엄청난 것이라 할 수 있겠다.

e스포츠는 21세기 들어 전 세계인에게 가장 매력적인 문화 콘텐츠가 되어 가고 있다. 특히 밀레니얼 세대와 Z세대의 주류 문화가 되면서 문화콘텐츠로서 더욱 확고하게 자리를 잡아가고 있다. 세계의 청소년과 젊은이들이 4년마다 열리는 올림픽보다 '롤드컵(League of Legends World Championship)'이나 '오버워치 월드컵(Overwatch World Cup)' 결승전을 기대하며 밤을 꼬박 새우기도 한다. 리그 오브 레전드 프로게이머 페이커는 신기에 가까운 마우스 컨트롤과 창의적인 전략으로 세계적인 스포츠 스타 메시에 버금가는 인기를 누린다.

최근에는 2030 세대를 겨냥한 벤츠, BMW 같은 자동차나 나이키, 아디다스 등의 스포츠 브랜드가 e스포츠 산업에 적극 뛰어들고 있다. 이들의 공격적 투자로 스포츠 산업의 생태계는 확장, 변모하고 있다. MZ세대의 호응에 힘입어 광고와 방송에서도 e스포츠는 두각을 나타내고 있다.

MZ세대는 아나운서나 캐스터가 아닌 유명 스트리머의 게임 중계방송을 선호한다. 트위치(Twitch)로 대표되는 라이브 방송 플랫폼이 e스포츠 중계를 이끌고 있으며 이와 연계된 사업을 지속적으로 발굴하고 있다. 최근 각 플랫폼마다 차별화된 e스포츠 프로그램 제작, 경기 판권 구입, e스포츠 대회 개최, 스타 앵커 육성 등 브랜드 파워를 강화하려는 노력이 활발하게 펼쳐지고 있다.

시장조사 업체 액티베이트(Activate)에 따르면, 글로벌 기업은 젊은 소비자 공략을 위해 올해 e스포츠에 약 2,500억 원의 광고비를 집행할 것으로 예상되며, 메이저리그(MLB)의 스트리밍 방송 업체 밤테크(BAMTech)는 e스포츠 방송 송출권을 구매하는 비용으로 3,600억 원을 지급했다.

글로벌 무대에서 대한민국 e스포츠의 가능성은 이미 높게 평가받고 있으며 성장 가능성 또한 매우 크다. 시장 규모는 세계 전체의 13.1%에 불과하지만 현재 몇몇 종목을 제외한 세계적으로 인기 있는 게임의 정상급 선수들은 대부분 한국인이다. 전 세계에서 한국 e스포츠 선수들에 대한 러브콜이 쇄도하고 있기도 하며 다른 한편으로는 각국의 e스포츠 리그에서 외국인 선수 숫자를 제한하는 제도까지 생겨났을 정도이다.

예를 들어 리그 오브 레전드 종목은 지역을 막론하고 2인의 용병 제한이 지켜지고 있다. 중요한 것은 현재까지 프로게이머라는 직군을 중심으로 구축된 우리나라 e스포츠 산업의 성장 가능성과 잠재력을 지속적으로 확장해 나가는 것이다.

(3) e스포츠 투자와 성과, 그리고 과제

그렇다면 현재까지 국내 e스포츠의 투자 대비 효과는 어떠했을까? 겉과 속이 다르다는 말로 요약해 볼 수 있다. 세계적으로 유명한 e스포츠 선수들을 가장 많이 보유하고 있고 자타공인 'e스포츠 종주국'이라는 타이틀을 가지고 있지만, 산업의 성장 추이는 그렇게 긍정적이지는 않다. 물론 매년 성장하고는 있지만, 산업 구조나 성장 규모 면에서 세계 시장의 속도를 따라잡지는 못하고 있다.

한국콘텐츠진흥원의 《2019 e스포츠 실태조사》에 따르면, 신성장 동력으로 주목받아 투자금이 몰리는 e스포츠는 양적 팽창을 이루어 내고 있으나 신사업으로서 구체적인 성과를 내고 있지 못한 것으로 나타났다. 실속 있는 경영을 위해 지속 가능한 비즈니스 모델 발굴이 요구된다.

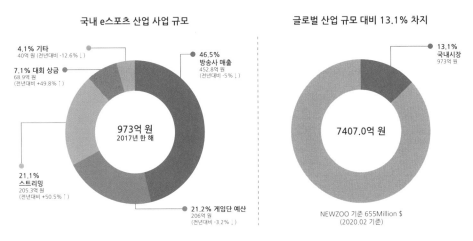

▲ 국내 e스포츠 산업 규모와 글로벌 산업 규모 비교

출처: 한국콘텐츠 진흥원 〈2019 e스포츠 실태조사〉

한국콘텐츠진흥원에 따르면, 2019년 한 해 동안 종목사는 e스포츠 산업에 604억 원을 투자했다. 이는 전년 대비 38% 늘어난 것이다. 방송 대회 제작에 372억 원, 인프라 구축에 105억 원을 투자했다. 인프라 투자 비용은 전년의 3억 원에서 3,403% 증가했는데 라이엇게임즈 롤파크 건립 비용이 반영되어서다. 그 밖에 선수와 게임단에 73억 원, 기술·인력 분야에 52억 원을 투자했다. 이처럼 종목사가 e스포츠 산업에 604억 원을 투자했지만 매출은 251억 원에 그쳤다. 전년 대비 4.6% 성장한 것이다. 중계권 수익이 70% 증가했으나 스폰서십 수익은 70억 원으로 전년 대비 절반 수준이다. 티켓 판매 수익은 전년 대비 15% 줄어 11억 원을 기록했다.

산업 발전의 척도라 할 종사자 수는 답보 상태다. 2018년 전담 부서 평균 인원은 14.1명이었는데 2019년 조사에서는 14.2명으로 거의 차이가 없었다.

프랜차이즈를 통해 스폰서십과 중계권 수익은 다소 성장할 것으로 예상되지만, 지속 가능한 성장 구조를 구축하는 것은 여전히 과제로 남아 있다. 가장 큰 축인 스폰서십과 중계권 이외에도 티켓과 굿즈, 스트리밍을 비롯해 팀 IP(지적재산권)를 활용한 디지털 수익 등에서 더 적극적인 활동이 요구된다.

현재 e스포츠는 중요한 시기를 맞이하고 있다. 현재는 e스포츠 산업이 지속 가능성을 확보할 수 있느냐 없느냐가 판가름 날 수 있는 과도기이다. 아직은 그 구조가 불안정하기 때문이다. 만약 안정적인 투자가 이루어지고 기존의 스포츠 리그처럼 자체적으로 생존할 수 있는 구조를 만들 수 있다면 e스포츠 산업의 판도는 크게 달라질 것이다. 한 예로 LG전자가 글로벌 e스포츠 업체인 젠지e스포츠에 대한 지분 투자를 통해 e스포츠 업계로 사업 영역을 확대하고 있는데 이러한 투자처를 찾는 것이 중요한 과제다.

e스포츠 산업 분야 쪽에서 투자 가치를 공고히 해나가는 일 또한 중요하다. e스포츠에 투자한 벤처 캐피탈 NEA의 파트너 릭 양은 "e스포츠를 플레이어가 최고 수준에서 경쟁할 수 있는 전문가가 될 수 있다는 순수한 아이디어보다도, 게임의 주류화 혹은 팝 컬처의 구현으로 본다"면서 "e스포츠가 게임과 미디어, 대중문화 및 상업과 관련된 기회를 제공한다는 것을 기억하는 것이 중요하다"고 했는데, 이러한 e스포츠의 사회·문화적 가치를 함께 생각하며 사업을 구상하고 투자를 유치해야 한다는 것이다.

코로나19로 언택트 시대가 앞당겨지면서 창조 경제의 기반인 ICT(Information and Communications Technologies)나 문화 콘텐츠 사업에 대한 벤처 투자가 활황을 이루었는데 신성장 동력인 e스포츠 산업 역시 현 시점에서 성장 기반을 잘 마련한다면 활발한 벤처 투자 유치가 가능하리라 본다.

e스포츠 산업의 미래

4차 산업혁명과 일자리 창출

(1) 4차 산업혁명 시대의 e스포츠

e스포츠 산업은 4차 산업혁명 시대에 가장 부가가치가 높은 산업으로 꼽히고 있다. e스포츠 산업은 IT 하드웨어 및 소프트웨어, 디자인, 마케팅 등 융복합 분야의 대표주자라 할 수 있다. 4차 산업혁명을 이끄는 각종 기술과 다각도로 연계될 가능성이 큰 분야라는 것이다.

4차 산업혁명 시대에 주목받고 있는 가상현실(VR)과 증강현실(AR)을 이용한 e스포츠도 관심의 대상이다. VR과 AR을 이용하면 현실과 완전히 차단된 영상이나 그래픽을 구현하여 다양한 콘텐츠를 즐길 수 있다. 그뿐 아니라 손가락만을 움직이는 e스포츠의 한계점을 극복하여 양손과 발을 사용하여 중·저강도 수준의 신체 활동을 할 수 있다. VR 및 AR 게임을 계속 출시되고 있으며, 이를 이용한 e스포츠 대회가 2016년부터 진행되고 있다. 국내 시장 현황을 보면 VR 콘텐츠 제작사는 많지만 서비스 플랫폼은 부족하다.

세계 VR·AR 시장 규모 전망
(단위: 달러, 2022년 기준)

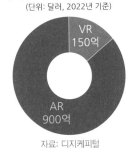

자료: 디지케피털

세계 VR·AR 시장 분야별 매출 비율
(단위: %, 2019년 기준)

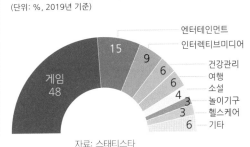

자료: 스태티스타

그동안 e스포츠의 노하우를 쌓아온 아프리카TV가 게임사와 협약을 맺고 VR 콘텐츠 활성화에 나섰다. 아프리카TV는 VR게임을 활용한 e스포츠 대회를 2021년 10월 개최했다. 아프리카TV는 이 대회에서 1인 미디어 방송용 실감 콘텐츠 기술 개발 및 서비스 제공을 담당했다. VR e스포츠 대회는 VR게임과 e스포츠 시장의 융합, 5G 기반의 새로운 시청 문화 및 생태계를 형성하기 위해 마련되었다. VR 콘텐츠의 2020년 글로벌 시장 규모는 117조 원으로 예상된다. MS·애플·소니·HTC 등 세계적 기업들이 고성능·고효율 장비 개발에 나섰다. 국내에서는 경기도를 비롯해 지방자치단체 차원에서 VR을 차세대 e스포츠로 육성하기 위해 전문 협의체를 구성했다.

▲ 국내 VR·AR 산업 현황 및 전망
자료: 한국VRAR산업협회

2019년 4월부터 5G 기술 상용화가 시작되면서 '초저지연', '초연결'이 가능케 되어 이것이 게임 및 e스포츠 분야에도 영향을 미치게 되었다. 5G 시대에는 곳곳에서 대규모 모바일 e스포츠 대회가 열릴 수 있다. 기존 소규모 e스포츠 대전과는 다르게 대규모 이용자들이 한데 모여 동시에 게임을 즐길 수 있는 시대가 온 것이다.

e스포츠는 21세기 4차 산업혁명의 핵심 산업인 코인, 블록체인과도 연결된다. 국내 2030 MZ세대를 중심으로 코인 투자를 하는 인구가 급격하게 늘고 있는데, 코인 산업은 e스포츠와 어울리는 조합인데, 예를 들어 아이템(칼, 총을 비롯한 각종 게임용 무기) 결제를 코인으로 할 수 있다. 이러한 조합을 통한 일자리 창출도 가능하다.

최근 사회·경제·문화 활동이 이뤄지는 3차원 가상세계로 주목받고 있는 '메타버스'도 e스포츠와 다양한 방식으로 연계될 수 있다. KB 국민은행은 2021년 8월 메타버스 플랫폼 '제페토'에 e스포츠 리그 응원 공간인 '리브 샌드박스 아레나'를 열었다. 이는 KB국민은행과 네이밍 스폰서십을 맺은 e스포츠게임단 '리브 샌드박스'의 모든 팀을 응원할 수 있는 공간이다. 가상의 주경기장, 메인홀, 대기 공간 등에서 다른 팬들과 소통할 수 있도록 되어 있다. 현재 리브 샌드박스에서는 '리그 오브 레전드', '카트라이더', '피파온라인' 팀 등이 활동 중이다. 메타버스가 e스포츠의 경험 가치를 올리는 데 유용하게 쓰이는 것이다.

메타버스를 활용한 전문 프로게이머 육성과 프로게임단 운영도 추진되고 있다. 성남시의 배틀그라운드 e스포츠 프로게임단인 성남 제노알파는 프로게이머와 코치 육성 프로그램을 메타버스 속으로 동기화시켜 프로게이머 코칭 프로세스, 전략 회의, 멤버십 트레이닝 등 일련의 프로

게임단 활동을 메타버스 속에서 진행할 계획이다. 성남 제노알파는 메타버스를 통해 e스포츠 선수를 육성할 경우 팀 전력의 합숙 운영 대비 전력 변화 차이에 따른 기업 ROI 변화, 멤버들 간의 결속력 등을 확인하여 메타버스가 지속 운영 가능 모델로 자리 잡게 하겠다고 밝혔다.

유튜브에 이어 국내 이용자가 두 번째로 스트리밍 서비스를 많이 시청하는 아프리카TV의 경우 모바일 멀티뷰 등으로 게임 콘텐츠의 질을 높이고 있는데, 최근에는 시가총액 2.5조 원을 돌파하면서 NTF와 메타버스 사업으로 기업 가치를 더욱더 높이고자 하는 시도를 하고 있다. 이처럼 e스포츠 관련 기업들이 신기술을 사업 분야로 끌어들이는 움직임은 e스포츠 산업 구조에도 영향을 미칠 것으로 보인다.

(2) e스포츠의 일자리 창출

온라인을 이용해 승부를 겨루는 e스포츠는 포스트 코로나 시대에도 지속될 전도유망한 산업으로 손꼽힌다. 이러한 전망에 걸맞게 많은 일자리를 창출하며 국가 성장 동력 확보에 크게 기여할 것으로 예상된다. 실제로 e스포츠 분야는 MZ세대가 가장 선호하는 직종 중 하나로 떠올랐다.

한국콘텐츠진흥원의 《2015년 e스포츠 실태조사 및 경제효과 분석》 보고서에 따르면, 우리나라 e-스포츠의 직접적 산업 규모는 818억 원으로 집계되었으며, 간접 산업 규모는 3,755억 원으로 추정되었다. 이를 모두 합친 총 산업 규모는 4,573억 원에 달했다. e스포츠의 대표적 경제 효과인 생산 유발 효과는 직접 효과 1,562억 원, 간접 효과 5,456억 원으로 총 7,018억 원으로 추정된다. 직접 효과 면에서는 전반적으로 방송, 구단 및 대회의 파급 효과가 크게 나타나고 있다. e스포츠의 경제 효과는 향후 지속적으로 증가할 것으로 전망된다. 각 지역에서 e-스포츠 테마파크 건립도 추진 중인데 이렇게 되면 지역경제가 활성화되고 일자리 창출 및 글로벌 인재 양성의 장이 될 것으로 보인다.

[e스포츠의 경제적 파급 효과]

(단위: 백만 원, 명)

구분	생산유발효과	부가가치유발효과	취업유발효과
방송	58,932	19,875	448
스트리밍 및 포털	17,853	6,909	120
온오프라인 매체	10,106	3,495	254
구단 및 대회	69,298	33,702	1,349
직접 효과	156,189	63,981	2,171
간접 효과: 게임	545,590	297,390	2,328
총 효과	701,779	361,371	4,499

우리나라는 중국보다 e스포츠에 대한 국가적 지원이 다소 부족하다는 지적이 나온다. 중국 정부는 2015년 e스포츠 사업부를 설립한 이후로 모바일 게임, e스포츠 등 신흥 산업 발전을 추진하고 e스포츠 운영사, e스포츠 게이머를 비롯한 신규 직업을 발표하는 등 e스포츠의 국가적인 발전에 진력하고 있다. 이에 부응하여 상하이, 하이난성, 지린성 등 지역 정부에서도 e스포츠 산업 발전에 대한 지원 정책을 발표하고 e스포츠를 위한 기금 조성과 인재 유치에 나서고 있다. 기업의 투

자로 활발하다. 텐센트, 싼야, 왕이 등이 e스포츠 테마파크와 생태단지 건설 계획을 발표하는 등 e스포츠 투자에 적극 나서고 있다. 투자 규모는 8,000억 원에 이른다. 이러한 투자는 성과로 연결되고 있다. 최근 5년간 중국 e스포츠 산업 시장 규모를 살펴보면 2016년 7조 3,770억 원, 2017년 12조 1,120억 원, 2018년 16조 1,420억 원, 2019년 19조 4,000억 원, 2020년 23조 2,246억 원을 기록했다.

한편 e스포츠 산업이 성장하고 프로게이머의 위상이 높아지면서 e스포츠 관련 직종이 부각되고 있는데, 국내외에서 e스포츠 고등학교와 e스포츠 전공 대학이 신설되고 있다. 이러한 추세는 계속 활성화될 것으로 보이며 전문 인력 양성과 일자리 창출에 큰 도움이 될 것이다.

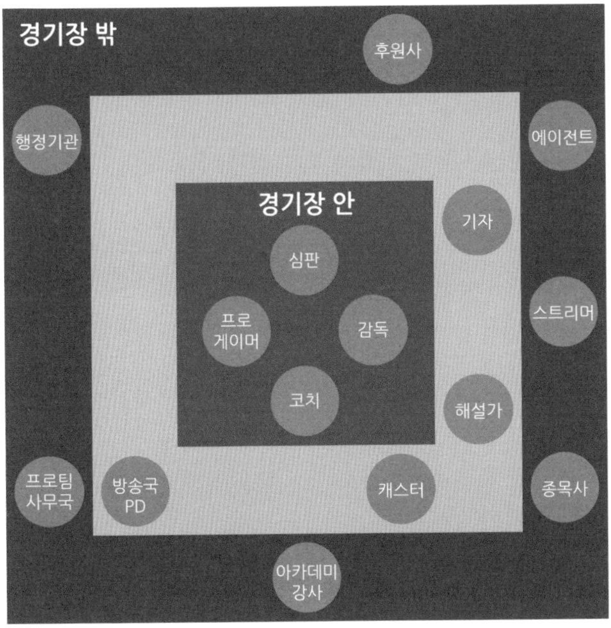

▲ 우리나라 e스포츠 직업군 구조도

출처: 《e스포츠 마스터플랜》, 한국이스포츠아카데미, 더디퍼런스, 2019

e스포츠 산업의 직업군을 보면 현장에는 프로 게이머를 중심으로 코치, 감독 같은 코칭스태프, 매니저 등이 있으며 상위 직업으로 게임 단주도 있다. e스포츠 매니저는 업무에 따라 다양하게 구분된다. 선수의 재능을 발굴하고 계약부터 훈련과 대회 참가, 숙소와 장거리 이동, 건강 상태 등을 담당하는 팀 매니저가 있고, 경기 티켓 판촉부터 협찬·후원, 팬 미팅 등 경기 외에 선수 경영 업무를 맡은 세일 또는 파트너십 매니저가 있다. 게임 광고, 팀/선수 PR, PPL 등 부가 수익 창출을 위해 온라인 커뮤니티와 소셜미디어 활동을 전담해 운영하는 소셜미디어 매니저가 있다.

　　경기 및 선수에 대한 정보만 전문적으로 분석하면서 코치를 도와 경기 전략을 준비하는 e스포츠 분석가라는 직업도 주목을 받고 있다. 게임단은 팀의 효율적 운영을 위해 e스포츠 마케팅, 판촉, 프로모션, PR, 광고, 협찬·후원 업무를 담당할 전문가들과 e스포츠 경영에 관한 법률과 재무회계 자문을 할 변호사와 회계사가 필요하다.

　　팀과 대중을 연결시켜 주는 미디어 직종에는 경기 캐스터와 진행자, 해설자, 통역가, 중계 카메라맨, 방송 엔지니어, 옵서버, 콘텐츠 크리에이터, 기자 등이 있다. e스포츠는 전통 스포츠와 달리 종목 특성상 경기 상황을 동시에 설명할 수가 없기 때문에 생중계 화면을 순간마다 결정하는 옵서버라는 직업이 필요하다.

　　콘텐츠 크리에이터의 경우도 e스포츠 콘텐츠가 TV, 라디오 등 전통적인 미디어보다는 온라인 스트리밍 플랫폼에서 중계하는 경우가 많고 온라인 접속을 통해 경기 콘텐츠를 즐기는 팬과 이용자가 많다 보니

다양한 파생 콘텐츠를 생산하는 유튜버, 스트리머, BJ 같은 미디어 콘텐츠 제작자들이 선호하는 직업으로 손꼽히고 있다.

선수 개인 또는 클럽을 대신해서 연봉을 협상하고 광고 출연 등 각종 계약을 처리하는 에이전트 직군도 있다. e스포츠는 리그가 종료된 11~12월이 스토브리그로 에이전트는 선수, 코치들의 재계약, 신규 영입, 해임, 방출, 트레이드, FA 제도 등의 업무로 성수기를 보내게 된다. 이외에도 e스포츠 직업군에는 중앙과 지역의 e스포츠 관련 업무를 하는 협·단체의 직원과 다양한 전공을 가진 e스포츠 교육자와 연구자가 있다. 앞으로 e스포츠 관련 직종 인재 양성과 교육을 담당할 교육기관 및 업체는 더욱 늘어날 전망이다. 현재 국내의 e스포츠 산업은 전문 인력이 많이 부족한 실정이다. 직업교육과 표준화, 산학 협력 등 체계적 인재 양성 시스템을 통해 전문성 있는 인재를 키워내고 일자리 창출에 기여해야 할 것이다.

이제 한국의 e스포츠는 산업 전반에 걸쳐 새로운 전환점을 모색할 때가 되었다. 텐센트를 앞세운 중국은 다양한 게임을 개발하며 글로벌 e스포츠 종목을 보유한 게임 강국이 되고자 분투 중이며, 북미와 유럽은 막강한 자본력을 바탕으로 프로게임단의 자본화와 선진화를 추진하고 있다. 우리나라의 프로게이머 육성 노하우를 전수해 간 이들은 대규모 자본을 유치하여 선수와 코칭스태프를 영입하고 기업화를 단행하고 있다. 이러한 치열한 글로벌 경쟁 속에서 e스포츠의 종주국 자리를 지키느냐 마느냐 하는 중대한 기로에 우리는 지금 서 있다.

참고자료

"2020 e스포츠 실태조사", 한국콘텐츠진흥원

"2020 대한민국 게임백서", 한국콘텐츠진흥원

"2021 '스트리밍 전쟁' 관전 포인트", 한겨레, 2021.02.11

"E-Sports의 과거와 지금", 한국콘텐츠진흥원 상상발전소, 2014.06.19

"e스포츠 '광안리 대첩'의 추억", 국제신문, 2020.01.22

"KB지식비타민 : e스포츠, 성장할 수밖에 없는 미래시장", KB금융지주 경영연구소

"KCA, 배틀그라운드 글로벌 e스포츠 대회 'PCS5' 제작 지원", 디지털데일리, 2021.09.17

"K-게임, 중국에 뺏긴 왕좌 재탈환 나선다", 머니에스, 2021.09.22

"LG 젊은 경영… 이번엔 e스포츠 투자", 매일경제, 2021.01.01

"가상·증강현실 기반 e스포츠의 스포츠화를 위한 입법 개선방안 연구", 최정호·이제욱(2019), 스
　　포츠엔터테인먼트와 법 제22권 제1호

"게임 금지된 중국 청소년들 근황", 국민일보, 2021.10.16

"게임 방송 콘텐츠 요인과 커뮤니케이터 요인이 몰입 및 시청의도에 미치는 영향에 관한 연구:
　　e스포츠 게임 중계 방송 콘텐츠를 중심으로", 김유미(2021), Journal of Korea Game Society

"고개 드는 모바일 e스포츠 시장, '카러플' '와일드 리프트' 등 모바일 게임 e스포츠화 예고", 게임포
　　커스, 2021.05.25

"국내 e스포츠 산업 규모 1,398억 원… 전년 대비 22.8% 증가", 인벤, 2020.11.23

"국산 OTT '웨이브', '넷플릭스' 평균 시청 시간 앞질렀다", 게임포커스, 2020.11.11

"무궁무진한 가능성의 세계 '메타버스'", e대한경제, 2021.08.13

"세계 최초의 e스포츠는?", 게임동아, 2013.07.16

"아프리카TV, VR게임 활용한 e스포츠 대회 개최", 로이슈, 2021.10.05

"앱애니, 사용자당 평균 이용 시간 기준 상위 10위 비디오 스트리밍 앱 발표", 케이벤치, 2020.11.11

"위상 달라진 e스포츠, 정식 스포츠로 도약 가까워진다", 한스경제, 2021.10.15

"이동통신 3사 '5G시대 킬러 콘텐츠는 e스포츠'", 매일경제, 2020.05.01

"중국 정부는 e스포츠 지원, 우리나라는 부족", 아이뉴스24, 2020.10.22

"중국, 올해 e스포츠 이용자 4억 3000만 명 예상", 한국무역신문, 2021.06.22.

"지금, 왜 e스포츠 교육을 말하는가", 데일리이스포츠, 2020.02.21

"커지는 e스포츠판… 기업 투자 확대 '눈길'", 아이뉴스24, 2020.06.19

"타도 한국? e스포츠 굴기에 나선 중국", 서울신문, 2020.08.22

"텐센트가 눈독 들이는 中라이브 스트리밍 시장", 아주경제, 2020.08.10

"투자금 몰린 e스포츠, 투자 대비 매출은 41% 수준", 전자신문, 2021.01.06

"프랜차이즈 개시하는 LCK… 수익화 기대 속 과제도", 아이뉴스24, 2020.11.03.

"하는 게임서 보는 게임으로… 새로운 진화 시동 건 VR", 세계일보, 2020.07.21

"韓, e스포츠 종주국 자리 이어간다", 아주경제, 2020.05.21

"한국판 넷플릭스 꿈꾸는 자, 게임-e스포츠 잡아라", 동아일보, 2019.03.13

"2019 이스포츠 실태조사", 한국콘텐츠진흥원(2019)

『e스포츠 20년사(2008~2017)』, 한국e스포츠협회

『e스포츠, 나를 위한 지식 플러스』, 조형근, 넥서스BOOKS, 2017

『e스포츠마스터플랜』, 한국이스포츠아카데미, 더디퍼런스, 2019

2020 Global Esports Market Report, Newzoo(2020)

2020 게임이용자 실태조사 보고서, 한국콘텐츠진흥원

2020 대한민국 게임백서, 문화체육관광부·한국콘텐츠진흥원, 2020

중국 e스포츠 시장현황 및 트렌드, 중국 다롄무역관 왕맹, KOTRA 해외시장 뉴스, 2021.05.17

중국 콘텐츠산업동향, 한국콘텐츠진흥원, 2020년 10호

한류NOW 2020년 5월호, 6월호, 최삼하 서강대학교 게임교육원 교수

집필진

1. 박신영 대표

: 주식회사 마크오 박신영 대표

2014년 마케팅을 위해 처음 마주한 e스포츠 현장에 대한 매력을 느껴, e스포츠 매니지먼트와 비즈니스를 진행하는 주식회사 마크오를 설립하여, 팀 매니지먼트와 마케팅 비즈니스를 운영 중에 있다.

국내 최초의 도타2 T.I(The International)에 진출한 MVP 도타2 팀(피닉스, 핫식스)의 스폰서십 체결을 시작으로 고향인 부산에서 국내 최초의 지역 e스포츠팀 GC 부산(Game Club 부산)의 론칭과 부산 e스포츠 글로벌 부트캠프 운영, 2017년 오버워치 e스포츠 최초의 로얄로더 팀인 GC 부산 오버워치팀을 운영하며, 지역 e스포츠 발전을 위한 활동을 다 하였고 이후 자체 브랜드 e스포츠팀인 팀 블라썸(Team BlossoM)을 운영하며, 지속적으로 e스포츠와의 인연을 이어 나가고 있다.

2. 김용우 팀장

: 데일리e스포츠 김용우 e스포츠 취재 팀장

2001년 대학교 2학년 당시 우연한 기회에 응모한 '온게임넷 스카이배 스타리그 결승전' 자원봉사에 합격하면서 e스포츠의 매력에 빠져들었다. 이후 '온

게임넷 게임플러스' 작가를 거쳐 온게임넷 스타리그에서 사진을 찍으며 현장을 누비고 다녔다. 이후 MBC 게임방송 작가를 거쳐 2008년 5월 e스포츠 기자로서 활동을 시작했다.

야구, 배구, 피겨스케이팅 등 전통 스포츠와 연예부 기자로도 활동했다. 2011년 e스포츠로 돌아온 뒤 취재기자 겸 사진기자로 활동하고 있으며 폴란드 카토비체에서 열린 인텔 익스트림 마스터즈(IEM) 월드 챔피언십을 한국 매체 최초로 취재했다. 영국에서 열린 e스포츠 어워드 포토그래퍼 최종 후보에도 올랐으며, 현재는 데일리e스포츠에서 취재 팀장으로 e스포츠 분야에 다각적인 활동을 하고 있다.

3. 안수민 기자

: 데일리e스포츠 안수민 취재기자

2년차 e스포츠 취재기자이자 e스포츠 마니아. 정확히 말하자면 게임을 먼저 좋아해 e스포츠를 알게 됐고 게임을 잘하기 위해서 e스포츠를 보았다. 한때 프로게이머의 꿈을 꾸었지만 벽이 높았고 e스포츠 업계에서 어떤 일을 할 수 있을까 고민하던 끝에 신문방송학과를 진학하여 졸업 후 기자가 되었다.

기자 이전 e스포츠 방송국 조연출로도 근무하며, 어릴 적 팬이었던 스타크래프트 프로게이머들을 만나면서 그들의 이야기를 영상으로 만들었고, 현재는 다양한 종목의 e스포츠 선수들을 만나 많은 이야기를 듣고 또 배우고 있는 중이다. 현재에 충실하며, 미래에 e스포츠 업계에서 가장 영향력 있는 기자(사람)가 되기 위해 더욱 노력할 것이다.

4. 웜보콤보 (필명)

: 현재 게임 IP사에서 e스포츠 관련 업무를 진행 중

어릴적 우연히 가수들이 공연하는 무대를 짓는 과정과 그리고 공연을 하는 것까지 본적이 있다. 물론 가수들의 노래도 훌륭했지만, 내 눈길을 계속해서 사로잡았던 것은 화려한 조명과 함께 만들어진 무대와 열광하는 관중들이었다. 무대 안팎의 사람 모두 자신의 열정을 보이는 모습이 상당히 인상적이었으며, 막연히 무대와 관련된 일을 하고 싶다는 생각이 들었다.

평소 게임 매니아였던 나는 대학교 졸업 후 자연스럽게 게임 관련 콘텐츠 제작으로 한 회사에 입사를 하였다가, 회사의 중요 사업이 바뀜에 따라 자연스럽게 e스포츠 업무를 시작하였다. e스포츠 방송 콘텐츠 기획부터 팀 운영, 그리고 대회 스폰서, 플랫폼 제작까지, 크지 않았던 규모의 회사에서 운 좋게도 (사실은 사수가 갑자기 업무에서 빠지는 바람에) e스포츠와 관련된 여러 업무를 담당하였다. 그 후 게임사에서 5년간 실제 대회 제작 및 관련된 프로그램들을 매니지먼트 하는 업무를 진행하며 약 10년간 e스포츠 업계에 몸을 담고 있다.

스타크래프트, 철권과 같이 개인의 기량을 다루는 게임도 있지만 주로 맡은 게임들은 팀 단위의 게임이었다. 팀 단위의 게임을 할 때 여러 기술들이 연계되어 멋진 장면을 보여줄 때 외치는 웜보콤보라는 단어가, 그 단어가 들리는 사운드, 그리고 그 단어를 외치는 해설자의 목소리, 딕션이 팀 단위 게임에서 가장 하이라이트라고 생각하고 있었다. 공동 저자로 이루어지는 이 책도 웜보콤보가 외쳐졌으면 좋겠다.

5. 박세정 박사

: 부산벤처스 대표이사 의장

와세다대학 정보과학과 졸업, 와세다대학대학원 경영학 석사(MBA) 취득, MIT 슬론경영대학원 블록체인테크놀리지 과정 수료, 연세대학교 일반대학원 경영학 박사(Ph. D.) 취득.

현재 한국블록체인융합기술원 원장이자 한국국방기술학회 벤처스타트업 위원장, 한국스타트업학회장, KAIST 국가미래전략 편집위원, 연세경영연구원 4차산업중점사업단 교수로, 전 대한변호사협회 글로벌IT스타트업 입법위원장이다.

저서로 《스타트업노트(광문각)》, 《미친 꿈은 없다(오피니언북스)》 등의 베스트셀러가 있다.

에필로그

PC방 인프라를 타고 시작되어 2022년 항저우 아시안게임의 정식 종목으로 채택된 e스포츠는 경쟁을 하는 스포츠와 감상을 하는 콘텐츠가 결합되어 빠른 속도로 발전해 나가고 있습니다.

물론 이러한 발전 속도에 있어서는 게임사, 팬, 선수들 그리고 많은 관계자의 피나는 노력이 있었기에 가능한 것이라고 생각합니다.

단순히 게임을 좋아해서 나도 한번 프로게이머가 되고 싶다는 열망만으로는 프로게이머가 될 수 없고 나도 이거 잘 보여 줄 수 있을 것 같다는 희망만으로는 e스포츠 필드에서 활동할 수 없습니다. 그만큼 프로페셔널한 직업의식과 함께 전문적인 지식을 함께 보유해야만 e스포츠라는 큰 무대에서 활동할 수 있게 되는 것입니다.

'크로스 e스포츠'는 e스포츠의 과거와 현재 그리고 미래를 생각하는 전문가들이 모여 만들어졌습니다.

e스포츠 현장 경험을 바탕으로 팀과 선수 다양한 업무를 매니지먼트하는 전문가,
e스포츠 선수와 관계자 사이에서 팬들과의 소통을 진행하는 e스포츠 현장 기자,
e스포츠 실무를 집행하는 게임사의 실행 전문가,
e스포츠 산업에 대한 발전 방향과 청사진을 그리는 경영학 박사.

e스포츠에 대한 생각은 다양할 것입니다. 서로 간의 견해가 다르고 앞으로의 미래에 대한 전망 또한 다를 것입니다. 하지만 접점은 동일할 것이라 생각됩니다.

어떤 스포츠 또는 콘텐츠보다 나와 시작을 함께한 e스포츠가 누구나가 함께할 수 있는 생활화 그리고 조금 더 인식의 변화를 이끌어 지금의 세대 그리고 앞으로의 세대와 연결하는 연결점이 되어 즐거움을 줄 수 있는 e스포츠가 되어 가기를 희망할 것입니다.

e스포츠 스토브리그를 지켜보며
– 박신영(마크오 대표)

크로스 e스포츠

초판 1쇄 인쇄   2021년 12월   7일
초판 1쇄 발행   2021년 12월 14일

지 은 이 | 박신영, 김용우, 안수민, 웜보콤보, 박세정
펴 낸 이 | 박정태
편집이사 | 이명수   출판기획 | 정하경
편 집 부 | 김동서, 위가연
마 케 팅 | 박명준, 이환희   온라인마케팅 | 박용대
경영지원 | 최윤숙

펴낸곳   BOOK STAR
출판등록   2006. 9. 8. 제 313-2006-000198 호
주소   파주시 파주출판문화도시 광인사길 161 광문각 B/D 4F
전화   031)955-8787
팩스   031)955-3730
E-mail   kwangmk7@hanmail.net
홈페이지   www.kwangmoonkag.co.kr

ISBN   979-11-88768-46-2   03690
가격   16,000원